L'ALGÉRIE

Nouvelle édition

PAUL BALTA ET CLAUDINE RULLEAU

LES ESSENTIELS MILAN

Sommaire

Les mots suivis d'un astérisque (*) sont expliqués dans le glossaire.

UN PAYS DÉCHIRÉ

Depuis 1830, le sang n'a cessé de couler en Algérie : la colonisation française a été brutale, la guerre de libération (1954-1962) a fait un million de martyrs et les affrontements avec les islamistes, depuis 1992, plus de 100 000 victimes.

Tout au long de son histoire, cet immense territoire en grande partie désertique a vu se succéder les conquérants : Romains, Vandales, Byzantins, Ottomans... Les Berbères, qui peuplent le pays depuis la préhistoire, ont toujours résisté, mais n'ont guère eu de pouvoir central. La conquête arabe, au VIIe siècle, les a profondément marqués : ils se sont islamisés et partiellement arabisés.

Riche en pétrole et en gaz, l'Algérie indépendante a été à la pointe du mouvement des non-alignés et du nouvel ordre international. Toutefois, une mauvaise gestion, un parti unique, l'omnipotence de l'armée, la corruption, le chômage ont favorisé la montée de l'islamisme et l'ont plongée dans une guerre civile larvée, malgré le multipartisme instauré en 1989. Abdelaziz Bouteflika, élu président en 1999, tente de ramener la concorde. Ce livre ne prétend pas être exhaustif, mais il s'efforce, en partant des origines de ce pays, de donner des clés pour comprendre le présent, alors que 2003 est l'année de l'Algérie en France.

L'Algérie et ses voisins

Alger
Tizi-Ouzou
Skikda
Annaba
Tunis
Sicile
Tipasa
Bejaïa
Sétif
Constantine
Guelma
Tiaret
Tebessa
Biskra
Djelfa
El Oued
Hassi R'Mel
Touggourt
TUNISIE
Mzab
Ghardaïa
Hassi Messaoud
In Amenas
LIBYE
Tassili
Djanet
SAHARA
Tamanrasset
Tassili
In Guezzam
NIGER

Le territoire des extrêmes

Deuxième pays d'Afrique par sa superficie (2 380 000 km^2), l'Algérie n'en est que le cinquième par sa population : 30 millions d'habitants (trois fois plus qu'à l'indépendance, en 1962), à peine plus que son voisin de l'ouest, le Maroc, pourtant bien plus petit.

Mer, montagnes et désert

Souvent perçue comme un pays méditerranéen, l'Algérie l'est, sans doute aucun, mais pour 10 % seulement de son territoire. On peut la découper en trois zones :
– le littoral ;
– l'Algérie septentrionale ;
– le Sahara algérien, qui, à lui seul, représente les trois quarts du territoire.

Le littoral, c'est 1 200 km de côtes sur une centaine de kilomètres de profondeur. Il est lui-même divisé, d'est en ouest, en trois régions physiques et administratives :
– le Constantinois,
– l'Algérois,
– l'Oranais.

Deux axes montagneux, l'Atlas tellien et l'Atlas saharien, traversent la contrée du sud du Maroc au nord-ouest de la Tunisie et forment l'Algérie septentrionale, où règnent une chaleur accablante l'été et un froid vif l'hiver.

Quant au désert – chaleur accablante le jour, froid vif la nuit –, il n'est pas uniforme : à l'ouest, dunes sablonneuses ponctuées d'oasis ; au sud-ouest, le terrible reg* du Tanezrouft, le « pays de la soif » ; au sud-est, de hauts plateaux, les « tassili » ; au nord-est, une vaste dépression relativement pourvue en eaux souterraines qui ont permis le développement des plus riches oasis : Timimoun, Ghardaïa, Touggourt, El Oued…

Devant le désert

« L'esprit se désespérait à voir ce calme immense, et n'entrevoyait aucune raison pour qu'un tel état de choses vînt à cesser, car l'immensité est une sorte d'éternité. »
Jules Verne, *Cinq Semaines en ballon*, 1863.

Un pays déséquilibré

En raison des 1 200 km de côtes, on oublie les 2 000 km qui séparent Alger (la capitale excentrée au nord) d'In Guezzam, dernier poste frontière avec le Niger – soit environ la distance Marseille-Oslo. Même trajet, sensiblement, dans la plus grande largeur, de Djanet, à proximité de la Libye, à Tindouf, proche de la Mauritanie. On se rend plus vite par avion de Constantine à Rome qu'à Djanet, d'Alger à Marseille qu'à Tamanrasset, et d'Oran à Alicante qu'à Tindouf.

Une population mal répartie

Ses voisins

Six États entourent l'Algérie à partir du nord-est – la Tunisie, la Libye, le Niger, le Mali, la Mauritanie, le Maroc – ainsi que le Sahara occidental, ancien Sahara espagnol, revendiqué par le Maroc et le Front Polisario*.

Trente millions d'Algériens (environ 12 habitants au km^2) vivent sur cet immense territoire. Mais près de 90 % d'entre eux sont concentrés sur la bande côtière, et les wilayas* du sud ont moins d'un habitant au km^2. Une politique volontariste d'aménagement du territoire, lancée au milieu des années 1960, n'a pas réussi à inverser la tendance. Bien qu'elle ait baissé depuis, la forte croissance démographique des années 1965 à 1990 (plus de 3 % en moyenne par an) a accentué la jeunesse de la population, l'exode rural, une urbanisation rapide et mal maîtrisée avec habitat précaire et bidonvilles. Le principal pôle industriel constitué au nord (El Hadjar, Annaba, Arzew, Skikda) et des conditions physiques et climatiques rigoureuses font obstacle au développement de l'intérieur et du sud, à l'exception de quelques centres nés de l'extraction des minerais et de l'exploitation des hydrocarbures, pétrole et gaz (Hassi R'Mel, Hassi Messaoud, In Amenas, Djanet, etc.), dont est riche un sous-sol qui, parfois, tremble tragiquement.

Le développement de l'Algérie, deuxième pays d'Afrique par son étendue, cinquième par sa population, connaît un grave déséquilibre entre le nord, où se concentre l'essentiel de l'économie, et le sud.

Berbères contre Romains

C'est l'historien grec Hérodote (ve siècle av. J.-C.) qui a fait entrer dans l'histoire écrite la « Libye » (pour lui l'Afrique), en particulier la partie allant de l'Égypte aux « colonnes d'Hercule », ou détroit de Gibraltar, soit à peu près le Maghreb actuel.

Les hommes libres

Les habitants d'une vaste contrée allant de l'oasis de Siwa, en Égypte, aux îles Canaries, dans l'Atlantique, se sont dénommés eux-mêmes *imazighen* ou « hommes libres » (*amazigh* au singulier). Mais ces hommes libres, le monde latin les a qualifiés de *barbari*, ceux qui lui sont extérieurs. Et le nom de Berbères est resté en français. Cette appellation a recouvert des peuples divers – Nasamons, Psylles, Gétules, etc. –, dont les plus célèbres en ce début de XXIe siècle sont les Numides. Les Phéniciens avaient fondé Carthage (près de Tunis) au IXe siècle av. J.-C., puis établi une série de comptoirs commerciaux jusqu'à l'Espagne, le long des côtes de ce qui s'appelait alors la Numidie. Rome n'eut de cesse de combattre Carthage et d'étendre son emprise sur le bassin méditerranéen, du IIIe siècle av. J.-C. au Ier siècle apr. J.-C, au cours de ce que l'on a appelé les guerres puniques (*punicus* désignant Carthage en latin).

Monnaie à l'effigie du roi de Numidie Massinissa.

Un peuple rebelle

Massinissa (roi des Massyles) est le premier roi numide dont le souvenir reste vivace aujourd'hui encore : il réussit à créer le premier grand royaume de Numidie, partagé à sa mort, en 149 av. J.-C. (trois ans après la destruction de Carthage par les Romains), entre ses trois fils : Micipsa, Gulussa et Mastanabal. Tantôt alliés, tantôt adversaires de Rome, ses successeurs ne réussirent pas à maintenir son héritage et à créer des royaumes durables. Jugurtha, un de ses petits-fils (fils de Mastanabal), roi de 118 à 105 av. J.-C., resté aussi populaire chez les Berbères que Vercingétorix en France, traîné en triomphe à Rome comme le sera ce dernier, y mourut de faim dans un cachot. Juba Ier, un de ses cousins, arrière-petit-fils de Massinissa, fut vaincu par Jules César à la célèbre bataille de Thapsus (46 av. J.-C.) et, déshonoré, se donna la mort.

Takfarinas

Le chanteur kabyle Takfarinas, de son vrai nom Ahcène Zermani, a choisi son pseudonyme en l'honneur du célèbre chef berbère.

> ***« En Afrique, Massinissa [...] se fut bientôt rendu maître du plat pays car il était le plus fort, du fait que les Carthaginois, qui avaient toujours répugné à faire la guerre sur terre, étaient alors complètement amollis par de longues années de paix. »***
> **Polybe (v. 200-v. 120 av. J.-C.), *Histoires*.**

Le triomphe de Rome

La Numidie, dès lors, fut province romaine, sous le nom d'Africa Nova.

Juba II, fils du précédent, avait été emmené à Rome après la défaite. Il épousa une des filles d'Antoine et de Cléopâtre, fut nommé roi de Maurétanie (autre nom de la Numidie, selon l'époque et les découpages du territoire), qu'il embellit pendant un règne de quarante-cinq ans. Peu après sa mort, Takfarinas fut un des derniers chefs numides à se révolter : après huit ans de résistance, il succomba en 24 de l'ère chrétienne.

Toute la côte du nord de l'Afrique sera romaine pendant plusieurs siècles : Tipasa, Tebessa, Djemila, Lambèse, Constantine (l'antique Cirta), Timgad, etc., conservent des vestiges de cette époque où la région était appelée « le grenier de Rome ».

Les siècles qui précèdent et celui qui suit l'avènement du christianisme sont marqués par la volonté de Rome d'asseoir sa puissance en Méditerranée et de s'assurer la possession de la côte nord de l'Afrique.

Le Maghreb chrétien

Sous l'emprise de Rome, la Numidie et la Maurétanie – correspondant plus ou moins au Maghreb* actuel – se christianisent à partir du IIe siècle et développent l'agriculture : céréales et vignobles.

Révoltes et hérésies

Les Romains s'implantent surtout, au Ier siècle, sur la côte et dans les plaines numides et maurétaniennes, qu'ils relient grâce à leur fabuleux système de routes et d'aqueducs. Ils évitent les massifs montagneux (Kabylie, Atlas, Rif), perpétuels bastions de fronde.

Parmi ceux qui tentent périodiquement de secouer le joug romain, les noms de Faraxen (253 à 262), puis de Firmin le Maure, qui, un siècle plus tard, se rebelle sous l'empereur Valentinien Ier (364 à 375) et sous le règne de Théodose Ier (379 à 395), sont restés célèbres. Firmin s'étrangla, dit-on, vers 375, pour ne pas tomber vivant aux mains de ses vainqueurs. Vingt ans plus tard, la révolte de Gildon (397-398) échoua également sous le premier empereur d'Occident, Honorius (395 à 423). Et Gildon se donna la mort lui aussi.

Grands saints africains

Quant à la christianisation, elle progressait lentement parmi les Numides et les Maures, qualifiés globalement de païens et sur le culte desquels on sait peu de chose. Cette avancée fut émaillée, comme dans tout le bassin méditerranéen, de schismes divers :

– le montanisme*, au IIe siècle, qui séduisit un temps saint Tertullien (v. 155-v. 222) avant qu'il retourne au sein de l'Église ;

– le pélagianisme* et le donatisme*, au IVe siècle, que combattirent saint Optat et surtout le plus illustre des évêques africains de son temps, celui d'Hippone (l'actuelle Annaba), saint Augustin (354-430). De père païen, de mère chrétienne (sainte Monique),

Augustin se convertit après une vie dissolue et devint un grand théologien. Il mourut en 430 alors que les Vandales assiégeaient Hippone. Rappelant le passé chrétien de l'Algérie, longtemps occulté, un colloque international lui a été consacré, à Annaba, en avril 2001, à l'initiative de Bouteflika.

> *« L'Empire romain finit comme le Rhin, qui n'est plus qu'un ruisseau quand il se perd dans l'océan* [...]. *Rome s'était agrandie parce qu'elle n'avait eu que des guerres successives. Rome fut détruite parce que toutes les nations l'attaquèrent à la fois et pénétrèrent partout. »*
> **Montesquieu, *Considérations sur les causes de la grandeur des Romains et de leur décadence,* 1734.**

Décadence de l'Empire romain

L'immense Empire romain recouvre alors non seulement tout le pourtour du bassin méditerranéen, mais encore, au nord, toute la Gaule, une partie de la Grande-Bretagne actuelle et, à l'est, des territoires conquis par Trajan (empereur de 98 à 117) au-delà de l'Euphrate.

Depuis plus d'un siècle cependant, il s'affaiblit, miné par la séparation entre l'Empire romain d'Orient (dont le siège est à Byzance, l'actuelle Istanbul) et l'Empire romain d'Occident, par les rivalités politiques et la poussée incessante des invasions barbares – Saxons, Alamans, Francs, Vandales, Ostrogoths, Wisigoths. Ces derniers prennent Rome en 410, s'installent en Espagne, tandis que Genséric (premier roi vandale d'Afrique, 428-477) et ses hommes vont occuper la Maurétanie et la Numidie, prendre Hippone (431), Carthage (439), puis la Sicile, la Corse, la Sardaigne, avant de mettre Rome à sac en 455.

Un siècle plus tard, sous les coups de Bélisaire (v. 500-565), général byzantin, leur empire s'effondre (534) aussi vite qu'il s'est construit, sans laisser de trace. Le nom, seul, de Vandale, est passé tristement à la postérité.

L'Empire romain réussit à s'implanter sur la côte nord de l'Afrique ; cependant, la région, christianisée mais jamais totalement pacifiée, finit dévastée par les Vandales au ve siècle.

Byzance et conquête musulmane

Après la mort de l'empereur Théodose le Grand, en 395, l'Empire romain d'Orient, dit aussi Empire byzantin, s'efforce de reprendre la primauté sur l'Empire romain d'Occident.

Vandales et autres « Barbares »

Les Vandales étaient en Numidie, les Ostrogoths en Sicile et en Italie, les Wisigoths en Espagne : l'Empire romain d'Occident n'était plus que l'ombre de lui-même (*voir* pp. 10-11). Empereur d'Orient de 527 à 565, Justinien Ier rêva de recréer pour son compte l'empire romain universel. Il envoya un de ses plus vaillants généraux, Bélisaire (v. 500-565), combattre les « Barbares ». Parti pour les côtes d'Afrique, le général chassa en deux ans les Vandales, dont il battit le dernier roi, Gélimer, à Tricaméron, près de Carthage, en 534.

Un lac byzantin

Bélisaire prit ensuite la Sicile et l'Italie aux Ostrogoths et arracha une partie du littoral de l'Espagne aux Wisigoths au milieu du VIe siècle : la Méditerranée devenait un lac byzantin. Elle ne le resta pas longtemps : les reconquêtes du général ne touchaient que les zones côtières et Constantinople (capitale de l'Empire byzantin) était trop loin pour assurer la sécurité et la pérennité de ses immenses territoires. À la fin des années 560, de nouvelles invasions affaiblissent l'Empire, les Byzantins refluent du nord de l'Afrique, toujours en proie aux dissensions des tribus berbères.

Et, loin de là, à La Mecque, dans la péninsule arabique, naît vers 570 Abû I-Qâsim Muhammad. Plus connu en France sous le nom de Mahomet ou de Mohamed, il bouleversera l'histoire d'une grande partie de l'humanité.

Ibn Khaldoun (1332-1406)

Cet historien arabe du XIVe siècle, auteur d'une *Histoire des Berbères*, insiste à plusieurs reprises dans son œuvre sur leur esprit d'indépendance et d'insoumission.

Un nouveau prophète

Dès l'âge de 40 ans, Mahomet reçoit les premières révélations de l'ange Gabriel et entame sa prédication. Dix ans plus tard, il quitte La Mecque pour Médine (en 622, qui marque l'hégire, point de départ du calendrier musulman). En 632, il meurt, après avoir porté les fondements de la nouvelle foi monothéiste* aux confins de l'Arabie. Trente ans après sa disparition, ses compagnons et ses successeurs (les quatre premiers califes*) ont déjà essaimé son enseignement en Palestine, en Syrie, en Irak (ancienne Mésopotamie), en Perse, en Égypte et en Tripolitaine (Libye et Tunisie actuelles).

Intérieur de la mosquée Sidi Okba (en 1974).

Rébellions en chaîne

Le calife Moawiya (v. 603-680), fondateur de la dynastie omeyyade à Damas, en Syrie, pousse ses avantages tous azimuts. Des conquérants musulmans qui s'élancent sous son règne (661-680) vers le Maghreb* (en arabe « Occident », par opposition à Machrek, « Orient »), Sidi Okba est le plus célèbre. Il occupe la Tripolitaine, fonde en 670 Kairouan (première ville sainte de l'islam au Maghreb) et lance de nombreuses expéditions ; en 677, il atteint Tlemcen, et plus tard Agadir. Cette progression, loin d'être régulière, est entravée par la résistance et l'insoumission des tribus berbères, qui appellent au secours les Byzantins si besoin est, tout en se convertissant volontiers à l'islam* – qu'elles apostasient* ensuite – pour des raisons politiques. Le puissant chef berbère Koseïla se rebelle contre Okba, dont il finit par avoir raison… pour tomber sous les coups de Zoheir en 687. Autre résistante, toujours populaire : la Kahéna, reine des Aurès, qui mit en déroute les troupes musulmanes en 688-689 mais succomba vers 694. Dix ans plus tard, la conquête du Maghreb est plus ou moins achevée, les Byzantins sont repoussés et les Berbères s'islamisent.

Sidi Okba (v. 630-683)

Enterré dans la petite mosquée de la ville qui porte son nom, au sud-est de Biskra, il est toujours l'objet de la vénération populaire.

Les Byzantins chassent les Vandales du nord de l'Afrique puis s'effacent à leur tour, à la fin du VIIe siècle, devant les musulmans venus d'Arabie.

Le Maghreb islamisé

Les Berbères s'islamisent et s'unissent aux Arabes pour poursuivre la conquête : le détroit de Gibraltar est franchi en 711 et une partie de l'Espagne devient musulmane pour huit siècles.

Le kharijisme égalitaire

En Islam, la compétition pour le pouvoir commence dès la mort de Mahomet, qui n'a pas laissé de testament. Le califat omeyyade de Damas (661-750) est renversé par celui des Abbassides de Bagdad (750-1258). Affirmant leur spécificité face au pouvoir central sunnite*, les peuples du Maghreb* embrassent, aux VIIIe et IXe siècles, le schisme kharijite* égalitaire (tout musulman, « *fût-il un esclave noir* », peut devenir calife* s'il le mérite), rigoureux et puritain. Ses partisans fondent le royaume de Tahert (près de l'actuelle Tiaret) et la dynastie des Rostémides. Les Abbassides envoient une expédition pour les mater. Cependant, c'est le schisme chiite*, par essence contestataire, qui éliminera le kharijisme, sauf dans quelques régions berbérophones.

Mozabites

Les Mozabites sont les derniers kharijites d'Algérie. Ils habitent le M'Zab, à 500 km au sud d'Alger, qui regroupe cinq villes dont la principale est Ghardaïa.

Le drapeau noir du chiisme

De la fin du VIIIe siècle à l'arrivée des frères Barberousse à Alger, en 1516 (*voir* pp. 16-17), le Maghreb est tiraillé entre trois pouvoirs – tribal, religieux, politique – qui se conjuguent ou s'opposent, selon les époques. En outre, ce n'est pas le Maghreb central (l'Algérie d'aujourd'hui), plus tribal, qui impose son hégémonie ; au contraire, Maroc et Ifriqyya (Tunisie, Tripolitaine), où règnent de grandes dynasties, berbères pour la plupart, se disputent le centre. Partis

Alger en l'an 2000

L'antique Icosium des Romains a fêté le millénaire de sa refondation par Bologhine le Ziride.

de Mahdia (Tunisie), les Fatimides, issus de la branche ismaélienne*, conquièrent l'Égypte et la Syrie, renversent les Rostémides et font flotter le drapeau noir du chiisme de Damas à Fès, où ils imposent tribut aux Idrissides (789-926). À l'inverse, les Almoravides, venus du sud du Maroc, fondent Marrakech (1062), occupent les territoires jusqu'à Alger, s'installent en Andalousie et instaurent le sunnisme de rite malékite*. Une autre dynastie berbère du nord du Maroc, celle des Almohades, réalise temporairement, pour la première fois depuis Massinissa et Rome (*voir* pp. 8-9), l'unité du Maghreb et consolide le malékisme, qui caractérise, depuis, l'islam de cette région. La lutte pour le contrôle du centre se poursuit pendant des siècles.

Principales dynasties

Les principales dynasties à avoir régné en tout ou partie sur l'Algérie sont :
- les Rostémides (777-909) ;
- les Fatimides (909-1171) ;
- les Zirides (972-1148) ;
- les Hammadides (1015-1152) ;
- les Almoravides (1056-1147) ;
- les Almohades (1130-1269) ;
- les Hafsides (1228-1574).

Intensité des échanges économiques

Point de contact et de passage entre l'Orient, l'Afrique au sud du Sahara, l'Espagne musulmane (jusqu'à la chute du royaume de Grenade en 1492) et l'Occident chrétien, le Maghreb central occupe une place de choix dans les échanges commerciaux de l'époque. Fès, Tlemcen, Oran, Tahert, Alger, Bejaïa, Constantine, Kairouan, Tunis furent des foyers prospères de religion, de culture et de négoce. Mais de nouvelles routes maritimes s'ouvrent au XVe siècle ; au nord, l'Europe est en pleine expansion ; à l'est, c'est l'empire des Turcs ottomans. Et les Espagnols, redevenus chrétiens, multiplient les incursions : en 1509, ils s'installent à Oran et à Mers el-Kébir et, l'année suivante, sur l'un des îlots qui gardent l'entrée du port d'Alger.

Pendant des siècles, aucun pouvoir fort ne réussit à s'installer durablement dans le Maghreb central, qui joue cependant un rôle économique important en Méditerranée occidentale.

Les Ottomans

Devant l'avancée ibérique, au XVe siècle et au début du XVIe, les villes de la côte barbaresque en appellent aux corsaires ottomans pour les défendre et pour aider les morisques* et les juifs chassés d'Andalousie.

Apparition des Turcs

En Anatolie, des Turcs venus d'Asie centrale chassent les Byzantins, les Seldjoukides d'abord, puis, à partir du XIVe siècle, les Ottomans, du nom d'un de leurs sultans, Osman. Après la prise de Constantinople (qui devient Istanbul), en 1453, leur empire grandit, guerroie contre les puissances chrétiennes, s'empare de la Syrie, puis de l'Égypte. Alger, harcelée par les Espagnols, appelle au secours les frères Barberousse, célèbres corsaires qui faisaient la course en Méditerranée, sorte de guerre économique menée sur mer par les États.

Corsaires de la Méditerranée

Vers 1510, les frères Barberousse, Aroudj (v. 1474-1518) et Kheireddine (v. 1476-1546), aident juifs et musulmans d'Andalousie chassés par l'Inquisition* à passer au Maghreb* et repoussent les attaques espagnoles. Après la mort d'Aroudj, Kheireddine se met sous la protection de la « Sublime Porte » – c'est ainsi que l'on désigne le califat d'Istanbul – et reçoit le titre de pacha d'Alger en 1518. Organisées sur le modèle ottoman, Alger et la côte deviennent une province administrée par un pacha ou dey, vassal et délégué du sultan. Le reste du pays est divisé en trois beylicats – aux frontières fluctuantes –, à l'ouest,

Étymologie

Pacha, dey, bey sont des titres et des mots d'origine turque. Émir, terme arabe, désigne le gouverneur d'une province, le chef d'une grande tribu ou d'une communauté religieuse.

au centre et à l'est. Nommés par les deys, qui ont autorité sur eux, les beys jouissent en pratique d'une relative autonomie. Les hauts plateaux et le désert échappent à cette tutelle et les Kabyles lèvent parfois l'étendard de la révolte. Tunis est également sous la domination ottomane, tandis que le Maroc reste indépendant. La configuration du Maghreb actuel est quasiment en place.

Le corsaire

À la différence du pirate, qui pille pour son propre compte, le corsaire est habilité par son gouvernement à capturer les navires de commerce ennemis.

L'âge d'or d'Alger

Les Ottomans, défaits à la bataille de Lépante (Grèce), en 1571, par les forces chrétiennes, ont un accès plus difficile à la Méditerranée occidentale. Une fois encore, beys et deys prennent leur autonomie, tout en restant sous le pouvoir théorique du sultan. Alger, surnommée un temps « l'invincible », sera une des « villes-États » les plus puissantes et les plus riches de la côte maghrébine, surtout au XVIIe siècle, appelé « l'âge d'or des corsaires barbaresques* ». Elle compte alors plus de 100 000 habitants, abrite des milliers de captifs – source de revenus par leur travail ou leur rachat –, s'agrandit et s'embellit.

Déclin des Ottomans

Les Turcs n'ont guère d'influence en profondeur sur la société maghrébine : leur aristocratie et les Kouloughlis (leurs descendants mariés sur place) ne se mêlent pas à la population autochtone – Arabo-Berbères mais aussi Maures réfugiés d'Andalousie, juifs, chrétiens de différents pays d'Europe. La course des corsaires déclinant lentement mais sûrement, ils accentuent la pression fiscale, ce qui ne va pas sans résistances. Vénalité de la charge de dey, règles de succession non établies pour les beys, qui font de l'assassinat un mode d'accès privilégié au pouvoir, disettes, épidémies, soulèvements, contre-offensive des Européens affaiblissent, dès la fin du XVIIIe siècle, leur pouvoir, auquel l'intervention française de 1830 mettra fin.

Pendant plus de trois siècles (du XVIe au XIXe siècle), les Ottomans sont maîtres de la côte sud de la Méditerranée occidentale, Maroc excepté.

La colonisation française

La compétition qui oppose les puissances européennes au XIXe siècle fait que le gouvernement du roi Charles X a besoin de nouveaux territoires et de nouveaux débouchés pour son expansion.

Portrait d'Abd el-Kader (1807-1883) peint à Istanbul en 1866 par Stanislas Cblebówski.

L'Algérie à portée de fusil

L'affaire du coup d'éventail d'avril 1827 – le dey d'Alger, Hussein, se jugeant offensé par le consul de France Pierre Deval, l'avait souffleté de son chasse-mouches – a été popularisée par les livres d'histoire et les gravures de l'époque. Elle ne fut qu'un prétexte, des causes plus lointaines et plus profondes entraînant, après un blocus du port d'Alger en juin 1827, le débarquement des troupes françaises commandées par le général de Bourmont à Sidi Ferruch (à l'ouest d'Alger), le 14 juin 1830. Le 5 juillet, le dey d'Alger capitulait. Ainsi commencèrent la conquête d'un pays alors faiblement peuplé (3 millions d'habitants environ) et, presque aussitôt, la résistance.

Conquête et résistance

Dès 1831, l'émir Abd el-Kader, homme d'État et, ce que l'on sait moins, chef soufi* et poète, leva l'étendard de la révolte : il obtint de la France, par le traité de la Tafna, en 1837, la reconnaissance de son autorité sur une grande partie des provinces de l'ouest, avant de reprendre les armes et d'être définitivement vaincu en 1847. À l'est, le dernier bey de Constantine, Ahmad, contraint d'abandonner la ville, tient tête pendant encore onze ans dans les Aurès. La conquête se poursuit des années durant. Prises de villes et de territoires par les Français – qui utilisent des méthodes brutales, pratiquent le refoulement des tribus et la spoliation des terres – alternent avec les soulèvements : 1849, 1851, 1859,

Alger

Le nom arabe El Djazaïr (« les îles ») a donné Algezira en pisan, Alguer en catalan et Alger et Algérie en français.

1860, 1864, 1871. Tour à tour, Petite ou Grande Kabylie, Aurès, Sud-Oranais ou Sud-Constantinois se rebellent.

Vers un royaume arabe

Les gouvernements français successifs (monarchie, république, second Empire, république à nouveau) hésitent sur le type de colonisation à poursuivre et sur le statut à octroyer à l'Algérie (nom donné pour la première fois dans un texte officiel français, en 1838). Napoléon III (1808-1873), conscient de l'injustice faite à ses habitants, songe à un grand « royaume arabe », mais ses bonnes intentions ne survivront pas à sa destitution, après la défaite de Sedan devant les Prussiens, le 4 septembre 1870. Un mois plus tard, le décret Crémieux accorde la nationalité française aux seuls israélites algériens, mesure qui heurte les autres communautés, les Kabyles en particulier.

« On arrivera peut-être à détruire méthodiquement l'Arabe de l'Algérie par des moyens analogues à ceux employés par les Américains pour exterminer les Peaux-Rouges. »
Gustave Le Bon, *La Civilisation des Arabes*, 1884.

Citoyens de seconde zone

Rattaché à la France, le territoire, divisé en trois départements – Algérois, Constantinois, Oranais –, est l'objet de nombreuses réformes administratives et d'un peuplement de plus en plus intense : 131 000 colons s'installent de 1871 à 1881 (pour moitié des Français et, à l'est, des Italiens et des Maltais, à l'ouest, des Espagnols). Le code de l'indigénat, en 1881, consacre une citoyenneté de seconde zone pour ceux qui se sentent étrangers sur leur propre territoire et qui ne bénéficient que médiocrement des « bienfaits » de la civilisation. Après la Première Guerre mondiale, pendant laquelle les troupes algériennes apportent leur concours à la France, celle-ci peut se croire définitivement chez elle outre-Méditerranée, d'autant plus qu'elle s'est installée entre-temps en Tunisie (1881) et au Maroc (1906). En 1930, le gouvernement célèbre avec faste le « Centenaire de l'Algérie française », mais, si les troubles et les soulèvements ont cessé, de jeunes Algériens commencent à polir d'autres armes pour reconquérir leur liberté.

« Colonialistes » et « indigénistes »

Ces deux groupes aux conceptions opposées s'affrontent en France au XIXe siècle sur le statut et la place à accorder à l'Algérie et aux Algériens.

En 1830, la France prend pied en Algérie. Elle y restera, ainsi que dans le reste du Maghreb, jusqu'au milieu du XXe siècle.

Naissance du mouvement national

Les Algériens ne peuvent rester dans l'état de soumission où les a réduits la conquête française, mais la prise de conscience nationale ne rencontre guère d'écho favorable, ni auprès des colons, ni en métropole.

« Jeunes Algériens »
Mouvement formé sur le modèle des « Jeunes Turcs » et des « Jeunes Tunisiens », réformistes et modernistes.

Jeunes Algériens

Au début du XXe siècle, le mouvement « Jeunes Algériens » prend consistance : intellectuels et lettrés qui le composent, imprégnés des idéaux de l'école républicaine, ne réclament pas une Algérie algérienne, mais plutôt une Algérie « francisée » – mêmes devoirs, mais aussi mêmes droits pour ses habitants que pour ceux de la métropole. L'émir Khaled, petit-fils d'Abd el-Kader, est un de ses animateurs. Problème fondamental des relations entre les deux communautés, la question de la citoyenneté n'est pas résolue par le décret de 1919 accordant la nationalité française à 20 000 Algériens. En effet, celle-ci est donnée à des conditions jugées draconiennes : la renonciation au statut personnel de musulman, autant dire l'apostasie*.

Ahmed Messali Hadj en 1948, époque à laquelle il dirigeait le MTLD.

Ouléma réformistes

À la même époque naît un autre courant de pensée influencé par des penseurs égyptiens, les ouléma* réformistes, regroupés, au milieu des années 1920, autour des cheikhs Abdelhamid Ben Badis (1889-1940) et Bachir Ibrahimi (1889-1965). Créée le 5 mai 1931 à Alger, l'Association des ouléma musulmans algériens se fixe un but religieux et moral puis évolue vers une revendication d'indépendance, mais « *avec le temps et avec l'aide et la volonté de la France* ». Des partis politiques jouent aussi un rôle : le Parti communiste algérien (PCA) et surtout l'Étoile nord-africaine, née en 1926-1927. Son fondateur et principal animateur, Ahmed Messali Hadj (né en 1898 à Tlemcen, mort en 1974 en banlieue parisienne), réclama très vite l'indépendance. Dissoute, reconstituée, à nouveau dissoute, l'Étoile renaîtra en 1937 sous le nom de Parti populaire algérien (PPA). À nouveau dissous en 1939, le PPA resurgira après la Seconde Guerre mondiale en Mouvement pour le triomphe des libertés démocratiques (MTLD) puis, en 1954, en Mouvement national algérien (MNA). L'avant-guerre avait vu se tenir le Congrès musulman de 1936, qui avait dressé une « Charte revendicative » restée sans suite. Tout comme furent sans lendemain les projets de réforme Blum-Viollette pendant le Front populaire (1936-1938).

L'après-guerre

Le conflit de 1939-1945 mit une sourdine aux revendications. Toutefois, le « Manifeste du peuple algérien », lancé par Ferhat Abbas (1899-1985) et quelques autres élus en 1943, indiquait bien qu'elles n'étaient pas éteintes. À la fin des hostilités, la déception fut immense : pour avoir participé aux combats, à la libération de la France, les Algériens avaient espéré de substantielles améliorations politiques. En lieu et place, la terrible répression des manifestations de Sétif et de Guelma, en 1945, leur laissa plus qu'un goût d'amertume. Le statut de 1947, peu novateur, déplut aux deux communautés, tant algérienne qu'européenne. Quant aux nationalistes, ils se posaient le choix des moyens dans leur opposition à la France : légaux et pacifiques ou illégaux et armés ? Parmi les tendances qui déchiraient le MTLD, les partisans de la lutte armée se regroupèrent en 1947 au sein de l'Organisation spéciale (OS) qui donna elle-même naissance, en mars 1954, au Comité révolutionnaire pour l'unité et l'action (CRUA). Ce dernier passa à l'action et déclencha, le 1er novembre à minuit, une cinquantaine d'attentats : c'est le début de l'insurrection.

CRUA

Ce comité fut dirigé par neuf membres, dont deux seulement étaient encore en vie en mai 2002 : Hocine Aït Ahmed et Ahmed Ben Bella. Trois sont morts pendant la guerre de libération (Mourad Didouche en 1955, Mostafa Ben Boulaïd en 1956 et Larbi Ben M'Hidi en 1957) et trois ont été assassinés (Mohamed Khider à Madrid en 1967 ; Belkacem Krim à Francfort en 1970 ; Mohamed Boudiaf à Annaba en 1992). Rabah Bitat, président de l'APN* de 1977 à 1990, s'est éteint en 2000.

Constamment déçues, les tentatives des Algériens pour aboutir à la reconnaissance de leurs droits les conduisent à prendre les armes en 1954.

La guerre de libération

Une guerre qui ne dit pas son nom mais qui est sans merci oppose pendant huit ans Algériens d'une part, population européenne d'Algérie et Français de la métropole d'autre part. Elle entraînera la fin de la IVe République.

FLN, ALN, CNRA, GPRA...

Pour rassembler les énergies, le CRUA (Comité révolutionnaire pour l'unité et l'action) crée, en 1954, le Front de libération nationale (FLN) et jette les bases de l'Armée de libération nationale (ALN), au départ chichement dotée en hommes, en armes et en matériel. Les opérations de « maintien de l'ordre » lancées contre ce qui semblait être une simple rébellion ne suffisent pas. Le 31 mars 1955, le Parlement français vote l'état d'urgence ; en mai, les premiers réservistes rappelés partent pour l'Algérie. Les deux ailes du Maghreb* s'agitent, Pierre Mendès France (1907-1982), le président du Conseil (1954-1955), négocie donc en Tunisie et au Maroc pour y ramener la paix : tous deux seront indépendants en 1956 et aideront leurs frères du centre. L'intégration, si longtemps refusée par Paris, est proposée trop tard : le « cessez-le-feu, élections, négociations » est repoussé. Le contingent français en Algérie ne cesse de croître et comptera 400 000 hommes. En août 1956, au congrès clandestin de la Soummam, en Kabylie, le FLN s'organise : création du Conseil national de la révolution algérienne (CNRA) et du Comité de coordination et d'exécution (CCE), qui se transformera en Gouvernement provisoire de la République algérienne (GPRA) le 19 septembre

« La journée des tomates »

C'est ainsi qu'est appelé le 6 février 1956, jour où Guy Mollet, président du Conseil en visite à Alger, est conspué par les Français d'Algérie.

1958 et saura chercher, et trouver, des appuis sur la scène internationale. Deux événements assombrissent encore l'atmosphère : l'arraisonnement par les autorités françaises, en octobre 1956, de l'avion qui transporte du Maroc à Tunis plusieurs dirigeants nationalistes (Aït Ahmed, Ben Bella, Boudiaf, Khider, Lacheraf) et le lancement, en novembre, de l'expédition franco-anglo-israélienne contre l'Égypte et le colonel Nasser (à la suite de la nationalisation de la Compagnie universelle du canal de Suez), durement ressentie par la nation arabe.

La fin de la IVe République

La guerre se poursuit, avec son cortège d'atrocités : si des combattants du FLN mutilent ou égorgent ennemis, messalistes* et traîtres, des éléments de l'armée française n'hésitent pas à utiliser la torture (justifiée comme représentant un « moindre mal » pour prévenir des attentats) contre les militants nationalistes ou ceux soupçonnés de leur prêter main forte. La situation se dégrade aussi bien sur place, où la population européenne, les pieds-noirs, s'inquiète d'un possible « bradage » du territoire, qu'en France, où partis politiques, syndicats, intellectuels, opinion publique sont de plus en plus divisés sur la conduite à tenir. Le coup de force que constitue la formation, à Alger, au début du mois de mai 1958, d'un Comité de salut public sous l'égide du colonel Massu amène René Coty (président de 1954 à 1958) à faire appel, le 29, au général de Gaulle (1890-1970), en retrait de la vie politique depuis dix ans. Le 1er juin, le général est investi par l'Assemblée nationale. Le 21 décembre, il est élu président : la IVe République a vécu, la Ve lui succède.

« Je vous ai compris ! »

Lancée du haut du Forum d'Alger par Charles de Gaulle le 4 juin 1958, cette apostrophe célèbre donnera lieu à d'innombrables interprétations sur les intentions réelles du général.

Le déclenchement, le 1er novembre 1954, de la lutte armée pour l'indépendance entraîne de nombreux bouleversements tant en Algérie qu'en France, dont la fin de la IVe République.

L'indépendance

Après le retour de De Gaulle au pouvoir, il faut encore quatre ans pour faire la paix. La naissance de l'État algérien, en 1962, s'accompagnera de l'exode des pieds-noirs.

L'OAS

Cette organisation a été créée à Madrid, en février 1961, par Pierre Lagaillarde et Jean-Jacques Susini, pour prendre la suite du Front de l'Algérie française, fondé en juin 1960 et dissous six mois plus tard.

Pétrole et bombe atomique

Sur le plan économique, le général avait lancé, le 3 octobre 1958, le Plan de Constantine, destiné à améliorer en cinq ans le sort de la population musulmane (construction de logements, scolarisation, accès à la fonction publique). Mais, sur le plan politique, il adopta une démarche de « petits pas ». Aurait-il pu aller plus vite ? En reprenant le déroulement de ces quatre années pleines de « bruit et de fureur », on s'aperçoit qu'il lui était sans doute difficile de procéder différemment, compte tenu de la minorité ultra des pieds-noirs, enfermée dans un refus désespéré de l'indépendance, et d'un GPRA* âpre aux discussions, soucieux de concéder le moins possible sur les questions de souveraineté et sur la dévolution du Sahara, riche en pétrole, où la France se livrait à ses expériences nucléaires et où la première bombe atomique française avait explosé, en 1960, à Reggane.

Barricades, OAS et « barbouzes »

Le 16 septembre 1959, le Général prononce, au palais de l'Élysée, à Paris, son célèbre discours radiodiffusé et radiotélévisé sur « l'autodétermination ». Le 18 mars 1962, les pourparlers d'Évian aboutissent à un accord de cessez-le-feu qui entre en vigueur dès le lendemain à midi. Entre-temps, on aura connu la semaine des barricades à Alger, la création de l'Organisation armée secrète (OAS), qui sèmera la désolation des deux côtés de la Méditerranée pour garder l'Algérie française, la rébellion d'un « quarteron » de généraux (*voir* brève ci-contre), des manifestations et des contre-manifestations,

Le « quarteron »

Ce groupe rassemblait quatre généraux démissionnaires ou à la retraite (Challe, Salan, Jouhaud, Zeller), auteurs du putsch avorté du 22 avril 1961.

parfois sanglantes, en France, où la guerre a pris pied, notamment entre factions nationalistes rivales, et plusieurs négociations avortées (Melun, juin 1960 ; Lucerne, février 1961 ; Neuchâtel, mars ; Les Rousses, décembre 1961 et février 1962). L'atmosphère est pourrie, l'opinion publique accablée, l'anarchie règne. L'OAS, combattue par ceux que l'on appelle les « barbouzes* », pratique la politique de la terre brûlée.

Le 5 juillet 1962

Les accords d'Évian sont approuvés par 90 % des votants lors du référendum organisé en France le 8 avril 1962. En attendant le scrutin d'autodétermination qui doit suivre dans les trois mois en Algérie, un Exécutif provisoire, composé d'Algériens et de Français, assure l'« intérim ». Le référendum a lieu le 1er juillet dans ce qui est, déjà, l'ancienne colonie : 99,7 % des votants se prononcent pour l'indépendance. Elle est proclamée le 3 et, le 5, date anniversaire du débarquement français de 1830 à Sidi Ferruch, devient le jour de la fête nationale algérienne.

L'exode des pieds-noirs

L'indépendance ne résout pas tous les problèmes, tant s'en faut, et en crée même de nouveaux : l'administration française se replie, ainsi que la plus grande partie des forces militaires, dont la moitié environ des harkis, supplétifs algériens de l'armée française. L'armée algérienne des frontières, ainsi que des centaines de milliers de réfugiés, rentrent du Maroc ou de la Tunisie, tandis que des centaines de milliers de pieds-noirs refluent vers la France, terrorisés par la violence de l'OAS et celle du FLN* – 82 000 départs en mai, 350 000 en juin, 60 000 en juillet, 40 000 en août. À la fin de l'année, il ne reste plus que 124 000 Européens, contre plus d'un million l'année précédente. Le chaos s'installe.

Bilan de la guerre d'Algérie

Il n'a toujours pas été établi avec certitude. Le nombre total de morts varie de 300 000 à 600 000, selon les estimations françaises. La Charte d'Alger (1962), quant à elle, évoquait un million de martyrs, et Boumediène a toujours parlé du « *peuple d'un million et demi de martyrs* ».

Après huit ans de lutte politique et armée, l'Algérie obtient son indépendance, proclamée dans un climat de violence et d'insécurité.

L'intermède Ben Bella

La République algérienne existe enfin, mais l'État est à créer. Les institutions sont hâtivement mises en place au milieu des pires difficultés économiques et politiques.

Ben Bella, lors d'une escale à Orly, en octobre 1962.

Harkis et règlements de comptes

La proclamation de l'indépendance, en juillet 1962, n'a pas pour autant stoppé les violences dont seront victimes, d'une part, les pieds-noirs – notamment à Oran le 5 juillet – et, d'autre part, les harkis, supplétifs algériens de l'armée française jugés traîtres à la patrie. Le chiffre reste sujet à controverses (de 10 000 à 150 000 !), mais nombre d'entre eux furent torturés avant d'être exécutés. S'ajoutèrent, comme toujours à la fin de périodes troublées, d'innombrables règlements de comptes personnels, familiaux, tribaux ou politiques.

« Nous sommes des Arabes »

Ben Bella avait heurté les Berbères en martelant dès avant son retour, à Tunis : ***« Nous sommes des Arabes ! Nous sommes des Arabes ! Nous sommes des Arabes ! »***

La Constituante

Administration exsangue, infrastructures détruites ou désorganisées, entreprises et exploitations agricoles abandonnées par les pieds-noirs, crises et affrontements au sein de l'ALN*, du FLN* et des wilayas* : au milieu de cette anarchie, l'Exécutif provisoire doit doter le pays d'institutions. Il réunit, le 20 septembre 1962, une Assemblée constituante. Ses membres choisissent comme chef de gouvernement Ahmed Ben Bella (né en 1916), un des fondateurs du Front, rentré depuis peu de France, où il a été interné de 1956 à mars 1962. Le 8 octobre, l'Algérie est admise à l'ONU. L'Assemblée s'attelle à la rédaction d'une Constitution, votée le 28 août 1963, soumise à référendum et adoptée le 8 septembre. Le 15, Ben Bella est élu président de la République. Entre-temps, un décret du 14 août a interdit les associations à caractère politique ; de toute façon, selon l'article 23 de la Constitution, « *le FLN est le parti unique d'avant-garde en Algérie* ».

« Pieds-rouges »
Nom donné aux conseillers marxistes, trotskistes, titistes, etc., arabes ou européens, de Ben Bella. Après sa destitution, la plupart ont été « invités » à quitter le pays.

Nombreux périls

Ancien sous-officier de l'armée française, homme d'action, Ben Bella va se révéler bon orateur, figure charismatique généreuse, brouillonne… et avide de pouvoir. La Constitution sera éphémère : il la suspend trois semaines après son élection et, fort de l'article 59, s'adjuge les pleins pouvoirs : « *En cas de péril imminent, le Président* […] *peut prendre des mesures exceptionnelles en vue de sauvegarder l'indépendance de la nation.* » Les périls sont en effet nombreux : le peu d'attention et de moyens accordés à l'économie accroît la dégradation des conditions de vie et la montée du chômage. L'autogestion* des exploitations agricoles vacantes, décidée en mars 1963, et les premières nationalisations d'avril 1964 ne résolvent rien. En politique, les diverses factions continuent de s'affronter en Kabylie et dans les Aurès. À l'automne 1963, l'Algérie et le Maroc se sont heurtés dans la « guerre des sables », ou « guerre des frontières », pendant plusieurs semaines. Tous ces dangers n'empêchent pas Ben Bella de se poser en champion de l'africanisme, en héraut de l'arabisme, du tiers-mondisme et du mouvement des non-alignés, jusqu'au jour – le 19 juin 1965 – où le colonel Houari Boumediène (1932-1978), qui l'a pourtant soutenu en 1962, mettra prématurément fin à ses fonctions en prenant le pouvoir avec l'aide d'un Conseil de la révolution. Ben Bella restera en résidence surveillée jusqu'en 1980.

Les trois premières années de l'indépendance, sous la présidence de Ben Bella, se déroulent sur fond de crise économique et politique.

La vision du moine-soldat

Pour en finir avec « *l'instabilité, la démagogie, l'anarchie* » et instaurer un « *État démocratique sérieux* », le Conseil de la révolution fait arrêter, le 19 juin 1965, le président Ben Bella, qui restera en résidence surveillée jusqu'en 1980.

Les défections du CR

Huit membres du Conseil de la révolution se sont retirés ou sont passés à l'opposition : Chérif Belkacem, Salah Boubnider, Bachir Boumaza (devenu plus tard, en 1996, président du Conseil de la nation – le Sénat), Youssef Khatib, Ahmed Mahsas, Ali Mendjeli, Saïd Mohammedi, Tahar Zbiri.

Le Conseil de la révolution

Autour du colonel Houari Boumediène (1932-1978), ils sont 25 à former le Conseil de la révolution, presque tous des gradés de l'ALN*, devenue ANP*. Ministre de la Défense du président destitué, à qui il s'opposait depuis des mois, leur chef a 33 ans. Ses compagnons n'ont guère plus, voire moins : le commandant Abdelaziz Bouteflika (futur président, *voir* pp. 56-57) n'a que 28 ans, et il est ministre des Affaires étrangères depuis trois ans ! Pour le groupe, la « légitimité révolutionnaire » l'emporte sur toute autre. Il forme une « fratrocratie » : tous pour un, un pour tous ! Cependant, cette solidarité s'effritera au fil des ans.

Février 1978, Houari Boumediène et son ministre des Affaires étrangères, Abdelaziz Bouteflika.

APC et APW

Le 10 juillet 1965, la Constitution est abrogée : le pays s'en passera jusqu'en 1976, le gouvernement légiférant par ordonnances en l'absence d'Assemblée. Boumediène, réputé « austère », « énigmatique », entend faire l'État, au sens le plus jacobin – c'est-à-dire centralisateur – du terme. La géographie et l'histoire le poussent à concevoir un pouvoir central fort qui a toujours manqué au pays. Il veut « *construire la démocratie par la base* ». Il a recours à chaque étape à une Charte (document idéologique) suivie d'un Code, son expression juridique. Ainsi naîtront :

– la Charte communale (octobre 1966), suivie du Code (janvier 1967) et des premières élections des APC (Assemblée populaire communale, équivalent du conseil municipal français), le 5 février ;
– puis la Charte de la wilaya* (mars 1969), suivie du Code (23 mai) et des élections (25 mai). L'APW (Assemblée populaire de wilaya) est élue pour cinq ans, au suffrage « universel, direct et secret », mais le wali*, ou préfet, garde un contrôle strict sur le département. Le Conseil national économique et social (CNES), institué en 1968, n'a qu'un rôle consultatif.

L'APN, enfin !

L'achèvement de la pyramide tarde. Boumediène, qui se méfie des partis et des politiciens, n'est pas pressé de voir leurs dissensions et leurs critiques s'étaler. L'« Appel au peuple algérien » condamnant le « pouvoir personnel », lancé le 9 mars 1976 par quatre anciens dirigeants, accélère le mouvement : en mai, un projet de Charte nationale voit le jour. Ce long texte idéologique sur le socialisme, l'État, la défense, le développement, etc., est adopté par référendum le 27 juin, et la Constitution, le 19 novembre. Le 10 décembre, les Algériens élisent président de la République (par 95,23 % des suffrages exprimés) celui qui était, depuis 1965, ministre de la Défense et « président du Conseil de la révolution et du Conseil des ministres » – en fait, à la fois chef d'État et de gouvernement. Ils élisent enfin, le 25 février 1977, les 261 députés de l'Assemblée populaire nationale (APN). Signe de la stabilité du pouvoir : en avril, Boumediène procède au deuxième remaniement ministériel important depuis 1965 – où quelques hauts fonctionnaires et technocrates font leur apparition, tel Sid Ahmed Ghozali, ancien président de la Sonatrach*, société nationale des hydrocarbures. Mais, dix-huit mois plus tard, il tombe gravement malade et s'éteint le 27 décembre 1978.

Mohamed Brahim Boukharrouba

« L'homme au caroubier » a conservé son pseudonyme du temps de la guerre : Boumediène. Né en 1932 près de Guelma, il a gagné la Tunisie pour échapper au service militaire dans l'armée française. En 1973, il épouse une jeune avocate du barreau d'Alger, Anissa Menzali, qui, après sa disparition, publiera plusieurs ouvrages littéraires.

Au cours de treize années de pouvoir, Boumediène et son équipe créent des institutions qu'ils veulent voir « *survivre aux événements et aux hommes* ».

Développement et non-alignés

Boumediène voudra à la fois développer le pays à marche forcée et renforcer son rôle sur la scène internationale à travers le mouvement des non-alignés.

Éduquer

À l'indépendance, on compte moins d'un million d'enfants scolarisés dans le primaire et le secondaire, et 3 000 étudiants dans le supérieur ; 90 % des enseignants sont partis. La rentrée est organisée en catastrophe et l'enseignement (il est fait appel à la coopération française et internationale) constituera une des priorités du gouvernement : 30 % du budget (hors Défense) lui seront attribués. Le taux de scolarisation est inégal : plus élevé au nord qu'au sud, dans les villes que dans les campagnes, chez les garçons que chez les filles, il constitue néanmoins, avec celui de la Tunisie, une des plus belles réussites de l'Afrique. Cependant, la langue de l'enseignement – français, puis arabe, puis français ou arabe selon les filières, avec mise à l'écart du dialectal et du berbère – posera problème jusqu'à la fin du siècle.

Autogérer

Les Européens ont laissé les entreprises et les exploitations agricoles ou vinicoles vacantes : l'autogestion*, instaurée de fait à leur départ, en 1962, a été par la suite consacrée par les textes et par la révolution agraire selon le principe « la terre à celui qui la travaille ». Mais, dans l'agriculture, elle a subi bien des avatars et n'a guère donné de résultats satisfaisants en raison d'investissements très faibles. Si l'on ajoute que les terres cultivées ne représentent que 3 % d'un territoire désertique et que les conditions climatiques rendent les productions aléatoires, on comprend qu'au début du IIIe millénaire la dépendance alimentaire reste forte certaines années.

Travailleurs algériens en France

L'immigration algérienne en France a commencé pendant la guerre de 1914-1918. Elle s'est fortement accrue à partir de 1945, en raison du manque de main-d'œuvre dû aux pertes de la Seconde Guerre mondiale. En 1969, un accord étatique franco-algérien fixe à 35 000 par an le nombre des travailleurs admis en France. En 1973, à la suite d'attentats racistes, le président Boumediène interdit l'émigration vers la France. En 1974, le président Giscard d'Estaing arrête toute immigration, quelle qu'en soit l'origine. En fait, elle n'a jamais vraiment cessé.

Planifier

Un souci : assurer l'indépendance économique pour asseoir l'indépendance politique. Deux moyens : planifier et nationaliser. La planification, par des investissements massifs, développera le secteur industriel lourd ; les nationalisations, étalées sur une dizaine d'années, culmineront en 1971 avec celles des sociétés pétrolières françaises (à 51 %) et des gisements de gaz (à 100 %), ce qui n'ira pas sans problèmes avec la France. L'industrialisation ne donnera pas les résultats escomptés pour de multiples raisons, plusieurs complexes, dont celui du fer et de l'acier, à El Hadjar, près d'Annaba, n'arrivant jamais à tourner à plein. Mais une politique volontariste, réaffirmée au IVe sommet des non-alignés, dont l'Algérie prend la tête en septembre 1973, et l'embargo sur le pétrole, décidé en octobre, assurent au pays un rayonnement à l'étranger et une hausse de ses revenus, même si l'explosion démographique en absorbe la plus grande partie.

Hydrocarbures

En 2001, l'Algérie est le 7e producteur de pétrole de l'OPEP (Organisation des pays exportateurs de pétrole) et le 2e exportateur mondial de gaz naturel. Les hydrocarbures lui assurent environ 95 % de ses recettes d'exportation, de manière quasi constante.

En 1974, Boumediène (1932-1978) prend, devant l'Assemblée générale de l'ONU, la tête d'une croisade pour un nouvel ordre économique international (NOEI).

Au début des années 1980, les Algériens se fatigueront de l'austérité et du développement à marche forcée, qui n'ont pas donné les résultats escomptés dans leur vie quotidienne, et l'un des slogans du président Chadli (chef de l'État de 1979 à 1992) sera « Pour une vie meilleure ». En 2002, les difficultés subsistent et les grandes sociétés françaises, italiennes, américaines sont de nouveau partie prenante dans l'exploitation des hydrocarbures.

La démarche volontariste du gouvernement n'a pas suffi pour venir à bout des problèmes du développement, freiné par une croissance démographique forte.

Le parti unique

Éviter le « jeu stérile » des partis, forger l'unité nationale, créer des cadres politiques, tel aurait dû être, dans l'esprit des dirigeants, le rôle du FLN.

Laisser parler les armes

Selon la proclamation diffusée le 1er novembre 1954, jour du déclenchement de l'insurrection, le CRUA* s'est transformé en front pour « *offrir la possibilité à tous les patriotes algériens de toutes les couches sociales, de tous les partis et mouvements purement algériens de s'intégrer dans la lutte de libération sans aucune autre considération* ». On réglera plus tard les questions idéologiques, mises entre parenthèses. L'heure est à la lutte armée.

De congrès en congrès

Plusieurs congrès marquent l'histoire du parti. Le 20 août 1956, le FLN* tient celui de la Soummam pour adopter un programme et des statuts, définir ses relations avec l'ALN*, affirmer la primauté du politique sur le militaire et organiser le CNRA* et le CCE (Comité de coordination et d'exécution). Mais les dissensions ne tarderont pas à faire surface, avec, entre autres, le GPRA* (dont le premier président est Ferhat Abbas), créé en exil, au Caire, en septembre 1958. Et la lutte fratricide avec le MNA* (né en 1954) se poursuit. Le congrès de Tripoli, en mai 1962, réaffirme les principes révolutionnaires et tiers-mondistes du futur État. Mais dès avant l'indépendance (1962), une grave crise secoue les instances nationalistes. Elle dure jusqu'à l'entrée des troupes du colonel Boumediène dans Alger, en septembre 1962. Quant au congrès d'avril 1964, il adopte la Charte d'Alger, texte mobilisateur et unificateur mais qui ne résiste pas aux affrontements entre clans.

Trois phases

On peut ensuite distinguer trois phases dans l'évolution du FLN. La première va jusqu'au décès de Boumediène (en 1978), qui avait qualifié l'institution de « *corps sans âme* » ; bureaucratisé et assoupi, vidé de ses éléments les plus dynamiques, passés dans la fonction publique, le parti voit les organisations de masse (UGTA*, UNJA*, UNPA*, moudjahidine*, UNFA*) lui disputer le terrain. Mais il reste néanmoins animé par divers courants et tendances qui permettent des débats.

La deuxième phase fait suite à l'élection du colonel Chadli Bendjedid (né en 1929) à la présidence en 1979. Le congrès qu'il réunit en juin 1980 débouche sur une réforme qui sonne le glas du parti en tant que front : tout élu politique, responsable syndical ou d'une organisation de masse devra, dès le 1er janvier suivant, adhérer au FLN. C'est l'entrisme assuré pour les « carriéristes », d'autant que toutes les autres sensibilités politiques seront écartées. Il y a fusion entre le Parti et l'État. Le FLN est « l'unique ». La troisième phase interviendra à la fin des années 1980.

PAGS
Parti de l'avant-garde socialiste (ex-communiste), clandestin mais toléré, qui a apporté un « soutien critique » à Boumediène.

Vers le multipartisme

Discours stéréotypé, privilèges de nantis pour ses membres, ignorance des aspirations populaires vaudront au FLN un réveil brutal lors des émeutes d'octobre 1988, auxquelles participent lycéens et « hittistes » (*voir* pp. 40-41). Elles sont violemment réprimées. Le climat insurrectionnel entraîne la rédaction hâtive d'une nouvelle Constitution, approuvée le 5 février 1989, qui ouvre la voie au multipartisme, organisé par la loi du 3 juillet suivant. Le FLN, Parti-État doté de larges moyens et d'un appareil bien rodé, reste dominant, mais il entre dans sa troisième phase, celle d'un parti parmi d'autres, banalisé. En 1989-1990, plus de quarante formations politiques voient le jour.

Créé le 10 octobre 1954 pour obtenir l'indépendance par les armes, le FLN, à partir de 1962, règne sans partage sur la vie politique pendant trois décennies.

L'armée

Les textes fondateurs l'ont énoncé, les congrès et proclamations l'ont confirmé : le politique doit primer sur le militaire. Dans les faits, il en ira tout autrement.

Une « armée de gueux »

Une « armée de gueux », comme l'ont dédaigneusement surnommée certains, se lance dans le combat contre la France en 1954. Mal équipée, peu encadrée, l'ALN* attire les sous-officiers et les officiers algériens qui désertent l'armée française pour rejoindre ses rangs, tel Chadli Bendjedid (futur président) en 1955. Deux ans plus tard, on admet qu'elle a déjà dépassé le stade de la guérilla pour atteindre celui de la « guerre partielle » et qu'elle a permis au peuple, selon le FLN*, de « *prendre conscience de sa dignité nationale* ».

Trente ans de pouvoir

C'est finalement le seul corps social qui s'est structuré, alors que le conflit a disloqué la plupart des autres structures. Non qu'elle n'ait connu, elle aussi, des divisions, mais, une fois que le groupe de l'état-major dirigé par le colonel Houari Boumediène (1932-1978), ministre de la Défense sous Ahmed Ben Bella (président de 1963 à 1965), l'eut emporté, l'ALN, devenue ANP* en septembre 1962, put asseoir méthodiquement son pouvoir. Elle le gardera officiellement pendant 30 ans et dans les faits par la suite.

Le « barrage vert »

Après juin 1965, Boumediène (chef de l'État de 1965 à 1978) conservera dans ses attributions le ministère de la Défense, instaurant une tradition à laquelle ses successeurs prendront garde de ne pas déroger. L'armée, du moins à ses débuts, ne défend pas la seule intégrité du territoire : elle doit être au service du peuple et protéger la révolution.

École de formation pour les jeunes et les déshérités, le service national, obligatoire, doit participer au développement. Ainsi l'armée assure-t-elle des tâches socio-économiques diverses : construction de logements, percement de la route transsaharienne, plantation du « barrage vert » pour lutter contre la désertification.

Une véritable caste

Au-delà de ce rôle idéalisé se forme, au fil des ans, une véritable caste qui saura combiner autorité, affaires, alliances matrimoniales avantageuses. On a dit que Boumediène ne laissa pas l'armée exercer le pouvoir mais s'en servit pour exercer le sien ; quoi qu'il en soit, au fil des ans, sa réalité se concentra entre les mains des militaires de haut rang. La réorganisation de novembre 1984 voit la promotion au rang de général-major des colonels Belhouchet, Benloucif et Nezzar, tandis que huit autres colonels (grade resté longtemps le plus élevé) deviennent généraux. Benloucif prend la direction d'un nouvel état-major dont on dit qu'il forme le véritable Conseil des ministres. Sans doute l'Assemblée nationale fonctionne-t-elle et existe-t-il un Premier ministre dont le poste, de facultatif, est devenu obligatoire par la révision constitutionnelle de juillet 1979. Mais le régime reste présidentiel ; et le chef de l'État, militaire : Chadli, réélu deux fois pour cinq ans avant d'être « poussé dehors » par ses pairs, en 1992, est colonel ; et est général Liamine Zeroual (né en 1941), président le 30 janvier 1994, après l'intermède tragique de Mohamed Boudiaf à la tête du HCE* (il est assassiné le 29 juin 1992, *voir* pp. 50-51).
Entre-temps, Ali Kafi (né en 1928), secrétaire général de l'Organisation nationale des moudjahidine*, a remplacé Boudiaf au HCE de juillet 1992 à janvier 1994.

SM
Section secrète de l'armée, la puissante Sécurité militaire a été longtemps redoutée des Algériens, qui l'appelaient, par dérision, « Sport et Musique », du nom d'une célèbre émission radiophonique.

Au fil des années, l'armée s'impose comme une force cohérente, garante et soutien du pouvoir.

Les mosquées

L'islam a soudé les Algériens avant et pendant la guerre de libération, mais certains courants penchaient pour une sécularisation de l'État après l'accession à l'indépendance. Ils ne furent pas suivis.

Mosquée des Ketchaoua

Célèbre établissement religieux, édifié en 1794 dans la Casbah, transformé en église en 1832, puis en cathédrale Saint-Philippe, rendu au culte musulman après l'indépendance.

Églises et synagogues vides

La Constitution de 1963 fait de l'islam* la religion de l'État, tout en précisant que la république garantit à chacun le respect de ses croyances et le libre exercice des cultes. Les textes suivants reprendront sensiblement les mêmes dispositions. Mais, au cours de 1962, églises et synagogues se sont vidées avec le départ des chrétiens et des juifs – les Algériens chrétiens représentant une infime minorité. On peut croire un moment, au cours des années 1960, que l'Algérie va connaître une relative déislamisation : on ne se bouscule pas dans les mosquées. Il n'en sera rien. Non seulement l'islam en tant que religion reste vivace, mais il va également prendre, en politique, un rôle grandissant que le pouvoir en place tentera de contrôler, en alternant coercition et concessions.

Socialisme = islam

Dès le départ, les gouvernants ont affirmé l'option socialiste de la jeune république, l'estimant conforme à l'esprit égalitaire de l'islam, sans s'inquiéter de tenir parfois des propos contradictoires. Ils dénoncent le maraboutisme*, l'islam décadent ou réactionnaire, mais la religion, tenue pour un ferment identitaire et un facteur de progrès, est jugée la compagne idéale du socialisme. Le postulat est posé tel quel, sans débat d'aucune sorte, ce qui n'empêche pas des tiraillements plus ou moins feutrés de se produire, notamment autour des problèmes de l'arabisation, de l'enseignement religieux et de la révolution agraire de 1971, que les éléments les plus conservateurs considèrent contraire à l'islam. En fait, le pouvoir veut contrôler la vie religieuse, entre autres à travers les imams*, dont il assure le traitement.

Recul du statut de la femme

Le Code de la famille

Inspiré dans plusieurs dispositions par la *Sharî'a* (la loi islamique), il autorise la polygamie (même si les conditions de son exercice sont assez rigoureuses). La femme, par ailleurs égale en droits et en devoirs selon la Constitution, se voit dotée d'un « tuteur matrimonial » (père, proche parent mâle ou, à défaut, juge). Il est interdit à la musulmane d'épouser un non-musulman, et l'épouse doit « obéir à son mari ».

À partir du milieu des années 1970, le pouvoir lâche du lest devant les revendications des milieux traditionalistes. En 1976, le congé hebdomadaire passe du dimanche au vendredi, les paris sont interdits, au grand dam de nombreux Algériens amateurs de courses de chevaux. Sont aussi interdits l'élevage du porc et la vente de boissons alcoolisées, sauf dans les régions touristiques. Des Instituts d'études islamiques sont créés et les programmes religieux à la télévision et à la radio renforcés. Enfin, le Code de la famille de 1984 marque une régression du statut de la femme (*voir* brève ci-contre).

Ces mesures ne satisfont qu'à demi les plus rigoureux des religieux (*voir* pp. 44-45), qui lancent, en tant qu'associations caritatives ou d'enseignement, la construction de mosquées et d'écoles coraniques. Entre 1962 et 1972, 4 472 mosquées ont été édifiées (dont 183 églises transformées). En 1980, elles sont 5 289 ; en 1986, 6 000 (plus 1 055 en cours de construction) ; en 1997, 12 000. Encore ne s'agit-il que des lieux de culte recensés par le ministère des Affaires religieuses : des salles de prières non déclarées sont installées dans des caves, des garages, des bidonvilles. Le pouvoir pensait contrôler la mosquée ; la mosquée, devenue seul lieu possible de réunion et de discussion, va vouloir contrôler, et investir, le pouvoir.

Le manque de liberté de parole et de réunion fait petit à petit de la mosquée le seul lieu de contestation possible.

Une succession difficile

Quand Boumediène tombe malade, en septembre 1978, c'est l'inquiétude : la Constitution ne prévoit que la démission ou le décès du président, pas son empêchement. Que va-t-il se passer ?

Grandes manœuvres

Devant une maladie d'abord tenue secrète, mais qui dure, les membres restants du Conseil de la révolution s'organisent pour expédier les affaires courantes. Puis, une fois le décès constaté officiellement par l'Assemblée populaire nationale, le président de celle-ci, Rabah Bitat (né en 1926), assure l'intérim. Il faut trouver un successeur. Les grandes manœuvres commencent et aboutissent à un congrès extraordinaire du FLN* : 3 100 délégués, dont 700 militaires, siègent du 27 au 31 janvier 1979. Il faut arbitrer entre plusieurs candidats, dont deux membres du CR – Salah Yahiaoui et Abdelaziz Bouteflika –, et trouver rapidement un consensus. En effet, le pays se trouve dans une situation économique délicate et doit faire face à un conflit larvé avec le Maroc au sujet du Sahara occidental.

Un président de transition ?

À la surprise générale, c'est le colonel Chadli Bendjedid, lui aussi membre du CR, qui est choisi au bénéfice de l'âge (il est né en 1929) et de l'ancienneté dans son grade. Candidat unique, il est élu le 7 février. Peu connu, hormis des spécialistes des questions militaires, Chadli, commandant de la 5e Région militaire (Oran) depuis juin 1964, devait être – ils sont alors nombreux à le penser – un président de transition : dix ans plus tard, il sera toujours là.

Analphabète bilingue

Ce surnom féroce est donné par les Algériens à leur nouveau président, Chadli Bendjedid, qui se perfectionnera néanmoins en arabe et en français.

L'agitation populaire

Le nouveau président n'a pas fait de politique jusque-là, mais il y prend vite goût et saura se placer en situation

Chadli Bendjedid en 1986, photo prise à l'ouverture du VIIIe sommet des non-alignés (Harare, Zimbabwe).

d'arbitre. La libéralisation politique qu'il initie trouve vite ses limites : mandat présidentiel ramené de six à cinq ans par la révision constitutionnelle du 30 juin 1979, mais sans limitation du nombre de mandats ni introduction, comme d'aucuns l'avaient espéré, du multipartisme ; libération de Ben Bella en 1980 ; suppression des visas de sortie. Ces quelques mesures ne suffiront pas à endiguer l'agitation populaire récurrente au cours de la décennie 80 : problème en Kabylie qui aboutissent au « printemps berbère » de 1982, en réaction contre les forces de l'ordre et... 20 ans plus tard aux émeutes de 2001 et 2002 ; heurts entre « progressistes » et « islamistes » dans les cités universitaires ; émeutes encore aux obsèques de cheikh Soltani, en 1984 ; manifestations à répétition dans la Casbah* contre les mauvaises conditions de logement, etc.

Affairistes et trabendistes

Dans le domaine économique, le nouveau plan quinquennal (1980-1984) tarde à être adopté, la restructuration des grandes sociétés nationales, jusqu'ici fierté de l'économie algérienne, est annoncée, une campagne d'assainissement des entreprises est lancée. Mais les mauvaises habitudes prises, le manque de moyens de contrôle, l'indifférence de la classe politique devant les mises en garde entraînent une démobilisation des cadres encore dévoués tandis que prospère une couche d'affairistes et de trabendistes* se cachant de moins en moins. La tentative néolibérale accroît les différences de revenus sans réduire la montée du chômage ; la chute brutale du cours des hydrocarbures, en 1986, assène un coup terrible aux recettes qui finançaient la quasi-totalité des importations, notamment de biens de consommation. La dette extérieure enfle comme les prix. Mais le pouvoir ne voit pas, ou ne veut pas voir, que s'accumulent les conditions d'une redoutable explosion.

À partir des années 1980 commence une lente montée des périls que le pouvoir est impuissant à juguler.

Les émeutes de 1988

En 1985, le chômage touche 650 000 personnes ; deux ans plus tard, deux fois plus ! La situation est explosive. État, gouvernement et FLN semblent ne pas prendre la mesure de la crise.

L'embrasement

L'agitation, souterraine ou déclarée, s'amplifie en 1988. En septembre, des grèves éclatent à nouveau dans la région d'Alger. Alors que court le bruit d'une grève générale, les négociations avec l'UGTA* ne calment rien. Le 4 octobre au soir, des jeunes manifestent contre le manque de produits de première nécessité – la semoule pour le couscous est introuvable – et contre la cherté de la vie. Le 5 au matin, Alger s'embrase : des milliers de jeunes investissent le centre. Ils cassent vitrines, bus, voitures, cabines téléphoniques et saccagent surtout les bâtiments publics, dont le luxueux complexe Ryad el Feth. Ils pillent. La police est absente. Provocation ? Manipulation ? Les origines du déclenchement des violences n'ont jamais été clairement établies ; certains témoins ont parlé de « meneurs » et de « pros » des bagarres.

« Hittistes » et « tchi-tchi »

Exemple de parler « francarabe ». Formé à partir de « hit », le mur, le mot « hittistes » désigne les jeunes chômeurs qui passent leur journée dans la rue à parler, appuyés contre les murs. À l'opposé, le terme « tchi-tchi » désigne la jeunesse dorée qui fréquente les plages, les restaurants et les boîtes à la mode.

L'état de siège

Il ne s'agit pas d'une flambée. Le 6, l'état de siège est décrété mais ne permet pas de mettre fin aux émeutes. Le 7, elles s'étendent à des villes de province : Oran, Blida, Tiaret, Aïn Defla. Le 8 et le 9, elles continuent. Le 10, ce « *chahut de gamins* », selon la malencontreuse expression d'un responsable du FLN* en Europe, aboutit à la catastrophe. Alors que Chadli Bendjedid (président depuis 1979) reçoit trois dirigeants islamistes (Ali Benhadj, Mahfoud Nahnah et Mohamed Sahnoun) venus lui remettre un cahier de doléances, une imposante manifestation se heurte au centre-ville à un barrage des forces armées. Une fusillade éclate. Le soir, le président annonce à la télévision des « *réformes radicales* », sans plus de précision. Une semaine plus tard, bilan officiel des émeutes : 159 morts ; bilan officieux : 500 à 600 morts et des milliers d'arrestations. Des centaines de détenus sont torturés en prison.

Chadli de nouveau réélu

11 octobre : retour au calme, mais « rien ne sera plus comme avant ». Journalistes et avocats se mobilisent pour la liberté d'expression et le respect des droits de l'homme. Universitaires et syndicalistes créent un Comité national contre la torture. La langue de bois habituelle du FLN achève de le discréditer dans l'opinion, tandis que la population se coupe de son armée qui a tiré sur ses enfants. Les événements se précipitent :

– 23 octobre : publication d'un programme de réformes politiques, dont la séparation de l'État et du FLN ;
– 3 novembre : référendum pour la modification de la Constitution ;
– 27 et 28 novembre : 6e congrès du FLN, qui entérine ces réformes mais qui, curieusement, désigne une nouvelle fois un candidat unique à la présidence ;
– 22 décembre : Chadli Bendjedid est réélu par 81, 47 % des suffrages exprimés (taux de participation : 89 %).

Le 5 février 1989, la presse publie le texte de la nouvelle Constitution. Il s'agit, cette fois, d'une réforme en profondeur. Elle est approuvée par référendum : 73,4 % de « oui ».

Les sanglantes émeutes d'octobre 1988 qui secouent Alger et les grandes villes conduisent à l'adoption d'une nouvelle Constitution.

Un multipartisme débridé

La nouvelle loi fondamentale de 1989 prend discrètement en compte la composante berbère en évoquant dans son préambule le royaume numide, mais elle apporte bien d'autres changements radicaux.

La volte-face

La nouvelle Constitution marque une rupture complète avec la précédente. Si l'islam* reste la religion de l'État, l'Algérie, désormais, n'est plus ni socialiste ni révolutionnaire. Elle n'est plus un pays à parti unique ; elle n'a plus de vocation tiers-mondiste ou non alignée particulière ; son armée n'a plus de rôle spécifique à jouer dans la vie de la nation.

Abrogations et nouveautés

Le socialisme, « option irréversible du peuple », qui imprégnait tous les textes, disparaît purement et simplement. Le FLN*, à qui tout un chapitre était consacré, n'est plus mentionné, sauf dans le préambule, où un hommage lui est rendu pour son rôle pendant la guerre d'indépendance (1954-1962). Les articles consacrés à la nécessité de l'unité arabe, maghrébine et africaine, à la fidélité au non-alignement, etc., s'évanouissent au profit de quelques termes généraux et généreux sur la solidarité avec les peuples en lutte pour leur libération. Quant à l'armée, « bouclier » de la révolution et « instrument » de l'édification du socialisme, elle est rappelée, classiquement, à des tâches de défense nationale. Plus que ce qui disparaît, ce sont les nouveautés qui retiennent l'attention : reconnaissance des droits de l'homme, égalité en droits et en devoirs de « tous les citoyens et citoyennes », fin de la candidature unique à la présidence de la République et, surtout, droit

Hezb França

Le « parti de la France » n'est pas un parti politique, mais une appellation des islamistes pour désigner péjorativement leurs concitoyens francophones.

d'existence pour les « associations à caractère politique » (sans que le terme de multipartisme soit employé). Une loi du 5 juillet 1989 fixe les modalités de création de ces associations, qui ne sont pas autorisées à fonctionner sur une « base exclusivement confessionnelle, linguistique ou régionaliste ».

Un jeu de dupes ?

En réalité, face à un FLN implanté depuis trente ans, le jeu démocratique des partis ne peut pas encore exister. Seuls quelques courants ont une relative expérience, acquise dans une semi-clandestinité (communistes, berbéristes, islamistes). Ils seront les premiers en septembre, octobre et novembre à être agréés par le ministère de l'Intérieur (procédure indispensable), ce qui revient à une reconnaissance de leur existence : il en est ainsi du PAGS (Parti de l'avant-garde socialiste, créé en 1966), du Front des forces socialistes (FFS, né en 1963), du Parti socialiste des travailleurs (PST) ou du Front islamique du salut (FIS, créé en mars 1989), que son assise confessionnelle aurait dû faire rejeter. C'est l'explosion : vingt partis fin 1989, plus de quarante en décembre 1990. Dans ces formations, affirment certains, il y a autant de dirigeants que de militants, et les premiers ne représentent qu'eux-mêmes. Le FLN, qui dispose alors de 13 000 permanents, espère bien tirer son épingle du jeu face à cette dispersion, gage d'impuissance selon ses chefs. Mais dans la foulée se renforcent aussi une foule d'associations à caractère social, culturel, humanitaire, féministe, sportif, qui prouvent que la société civile bouge et s'organise, surtout depuis la libéralisation de la législation sur les associations de juillet 1987.

1991

Plus de cinquante partis auront été créés en 1991. Nombre d'entre eux n'eurent qu'une existence éphémère.

Le PPA

Le Parti du peuple algérien, héritier du messalisme, concurrent du FLN pendant la guerre, est un des rares à qui le ministère de l'Intérieur refuse l'agrément le 26 octobre 1989.

Après des années d'immobilisme et de sclérose, la vie politique prend, au début des années 1990, un nouvel essor.

Islamismes et islamistes

Après comme avant l'indépendance, l'Algérie est un pays musulman, mais l'islam en tant que force politique agissante y émerge lentement et quasi clandestinement à partir de 1970.

Une nébuleuse

Dans la nébuleuse des mouvements musulmans, on peut distinguer sommairement trois courants :
– les associations au prosélytisme pacifique, qui veulent revivifier la pratique religieuse ;
– les *Jamâ'at al-Tablîgh wa al-Dawa* (associations pour la transmission et la prédication), déjà plus militantes : elles plaident contre le relâchement des mœurs, la laïcité, le pouvoir des tyrans et pour la restauration de la *Sharî'a*, ou loi islamique, à travers des réunions, des brochures, des revues et des prêches enregistrés, si besoin, sur cassettes pour faciliter leur diffusion auprès des analphabètes ;
– le troisième, le plus dur, appartient à ce que l'on appelle l'islamisme radical, lui-même divisé en deux groupes : l'un entend agir dans le cadre légal et se constituer en parti ; l'autre se réclame d'une lecture révolutionnaire du Coran, se rattache à la mouvance des Frères musulmans* égyptiens, et prône l'utilisation de la violence, si nécessaire, pour instaurer un État théocratique islamique.
Ces courants ne sont évidemment pas étanches.

Investir la politique

La politisation du religieux ne s'est pas faite *ex nihilo* : l'islam* enseigne à l'individu non seulement une croyance, mais aussi une organisation sociale et des préceptes juridiques. Le musulman est un dans sa foi, sa pratique et sa vie communautaire. Il n'est pas étonnant, dès lors, que les chefs spirituels veuillent, peut-être davantage que dans d'autres

Fondamentalisme et islamisme

Deux courants qui opèrent un retour aux textes sacrés, mais le premier se préoccupe davantage de morale et le second de politique.

religions, investir le champ politique, surtout s'ils sentent celui-ci leur échapper et emprunter des voies à leurs yeux néfastes. Cette donnée n'explique pas à elle seule la montée de l'islamisme en Algérie : divers facteurs, intérieurs et extérieurs, y ont contribué. Parmi les premiers, on citera la stagnation économique qui a entraîné, avec la montée du chômage et l'exode des populations rurales, un malaise social que les mosquées ont su prendre en compte. Parmi les seconds, on rappellera le recul du panarabisme à la suite de la défaite de l'Égypte et des Arabes devant Israël en juin 1967, l'influence de mouvements religieux étrangers, tels les Frères musulmans, l'aide financière de l'Arabie Saoudite, l'impact de la Révolution islamique en Iran (1978-1979) et la guerre contre l'URSS (1979-1989) des talibans* d'Afghanistan, alors soutenus par les États-Unis.

Premières violences

Les mouvements les plus radicaux ont commencé à fomenter des troubles très tôt, notamment dans les facultés, où se sont affrontés arabisants et francophones, islamistes et progressistes. En 1982, des groupuscules se fondent en un Mouvement islamique d'Algérie (MIA) sous la houlette de Mustapha Bouyali, qui prend le maquis et mène la guérilla contre les forces de l'ordre : il sera abattu le 3 janvier 1987, mais, dès 1984 et 1985 ont lieu les premiers procès contre ses partisans arrêtés. En 1984 également, les obsèques de cheikh Soltani, auteur en 1974 d'un violent pamphlet contre l'État algérien et longtemps assigné à résidence, avaient donné lieu à une imposante manifestation à Kouba, dans la banlieue d'Alger. De cette mouvance sortiront quelques chefs qui sauront donner une impulsion décisive au mouvement islamiste.

La radicalisation de certains courants islamistes entraîne les premières violences, les premiers affrontements avec les forces de l'ordre et les premiers procès.

La montée du FIS

Le Front islamique du salut (FIS) est le premier parti légalisé dans un pays arabe et musulman qui ait pour fondement l'islam* et pour objectif l'instauration d'une République islamique.

Les islamistes au grand jour

De prêches enflammés en manifestations émergent quelques leaders emblématiques : Mohamed Sahnoun, Mahfoud Nahnah, Abdallah Djaballah, Abbassi Madani, Ali Benhadj. Sahnoun (né en 1908), très respecté, est considéré comme le fondateur, avec cheikh Soltani (décédé en 1984), du mouvement islamiste algérien. De Madani (né en 1931) à Djaballah et Benhadj, les benjamins (nés en 1956), ces hommes ont en commun d'avoir été déjà arrêtés et assignés à résidence ou incarcérés pour atteinte à l'ordre public ou à la sûreté de l'État. Ils font également tous partie de la Ligue de la *Da'wa*, première tentative de structuration de l'islamisme, présidée par Sahnoun. Ce dernier est reçu avec Benhadj et Nahnah, le 10 octobre 1988, par le président Chadli, à qui les trois hommes présentent une liste de doléances. Mais ils divergent sur la démarche à emprunter et finissent par se séparer. Madani et Benhadj, sitôt la nouvelle Constitution adoptée, fondent le FIS en mars 1989 : le premier en est président, le second vice-président. Revendiquant 3 millions d'adhérents, ils se posent en pôle de mobilisation face au FLN* déclinant et occupent de plus en plus

Alger, avril 1990 : Benhadj (debout, au centre) et Madani (à sa droite), à un rassemblement du FIS.

la rue de façon bruyante (haut-parleurs tonitruants des minarets) et violente (agressions contre les femmes court vêtues, contre les bars servant de l'alcool...). Agréé le 14 septembre, il semble pouvoir avancer sans entraves, les autres partis islamistes créés dans la foulée n'étant pas capables de rivaliser avec lui pour la mobilisation et le charisme.

De victoire en victoire

12 juin 1990 : le renouvellement des APC* et des APW* est une gifle électorale pour le FLN. Le FIS rafle 856 des 1 541 APC et obtient la majorité absolue des sièges dans 31 des 48 APW. Le reste des voix va au FLN ou s'éparpille entre divers partis, dont seul émerge le RCD* de Saïd Sadi (fondé en 1989) – le FFS* et le MDA* de Ben Bella (président de 1963 à 1965) ayant prôné l'abstention.

Ce succès encourage le FIS à durcir sa position : grèves et manifestations, durement réprimées, se succèdent jusqu'à l'épreuve de force de juin 1991, où ses partisans tentent d'investir Alger. Le 5, le président Chadli décrète l'état de siège sans que l'agitation cesse pour autant. Le 30, Madani et Benhadj sont arrêtés pour « conspiration armée contre la sûreté de l'État », ainsi que 2 500 de leurs militants.

Le parti arrive tout de même en tête au premier tour des législatives de décembre 1991 : même s'il perd 1 million de suffrages par rapport aux élections de juin 1990, il obtient 188 sièges et est en ballottage favorable pour 171 autres. Qu'il les remporte, et il disposera de 359 sièges sur 430 !

Le coup d'arrêt

La gestion des communes et des départements par le FIS depuis dix-huit mois a déçu, les élections de fin 1991 le prouvent. L'inquiétude n'en est pas moins vive dans le camp démocrate, qui craint de voir désormais les islamistes être en mesure d'appliquer leur programme. Mais il n'y aura pas de deuxième tour.

Autres mouvements islamistes légaux en 1991

Al Umma, Communauté des croyants, fondé par Ben Khedda, ancien président du GPRA, en 1989 ; le Hamas, ou Mouvement de la société islamique (d'après ses initiales en arabe), créé par Mahfoud Nahnah, et le MNI, Mouvement de la Nahda (renaissance) islamique, créé par Abdallah Djaballah, tous deux en 1990 ; le Hezbollah, créé en 1991. Au fil des ans, ces formations évolueront ou feront scission pour donner naissance à de nouveaux partis.

L'arrestation des deux chefs du FIS en 1991 n'empêche pas les troubles de persister et le FIS de progresser.

La valse des Premiers ministres (1988-1995)

Après l'annulation du second tour des élections de décembre 1991, les violences se multiplient, la répression également, et les gouvernements se succèdent à grande vitesse, d'où la quasi-impossibilité de mener des réformes de fond.

La danse commence

Le gouvernement formé en 1984 par Abdelhamid Brahimi, économiste et planificateur, avait initié, notamment en 1987 et 1988, une série de réformes économiques et sociales, mais il ne peut décemment rester en place après les émeutes d'octobre 1988. Brahimi cède la place à Kasdi Merbah (1938-1993), homme habile et d'appareil, ex-chef de la SM (Sécurité militaire), ancien ministre de l'Industrie lourde puis de l'Agriculture.

Merbah entend accélérer les réformes, mobiliser l'épargne, relancer la croissance. Des pesanteurs socio-économiques, le blocage des députés, tous FLN*, et surtout le manque de temps l'empêchent d'aller bien loin. En effet, moins d'un an après sa nomination, Kasdi Merbah, au mépris de la nouvelle Constitution, est « révoqué » le 9 septembre 1989. Animateur d'un mouvement politique, le MAJD*, Merbah sera assassiné le 22 août 1993.

« Les masses ne comprennent que l'islam : parlons donc leur langage ! […] *Dans les années soixante, l'idée de socialisme musulman obéissait à une démarche de ce type. Aujourd'hui, celle de la révolution islamique y renvoie. »*
Rédha Malek, *Tradition et révolution*, 1993.

Ni stabilité, ni durée

Dès lors, au cours des années qui suivent et malgré la tourmente dans laquelle se débat l'Algérie, aucun gouvernement ne jouira de la stabilité et de la durée lui permettant de poursuivre le travail entrepris. À Kasdi Merbah succède Mouloud Hamrouche, lui aussi rompu aux arcanes du sérail puisqu'il a été, entre autres, secrétaire général du gouvernement : il restera un peu plus de dix-huit mois et cédera la place à Sid Ahmed Ghozali le 5 juin 1991. Ce dernier s'empresse, dans son discours du 4 juillet devant l'Assemblée, de « *marquer sa solidarité totale avec l'ANP** [...] *et sa noble mission : préserver la sécurité des citoyens et de leurs biens, protéger la démocratie naissante...* » et de garder comme ministre de la Défense le général-major Khaled Nezzar. Ghozali non plus n'est pas un inconnu : longtemps PDG de la Sonatrach*, il a été ministre de l'Énergie, ambassadeur en France, et il est bien connu à l'étranger. Il tiendra un an, et quelle année ! Le 8 juillet 1992, à la fin du deuil national d'une semaine consécutif à l'assassinat de Mohamed Boudiaf, alors président du HCE*, et une semaine avant la condamnation des dirigeants du FIS*, Madani et Benhadj, à 12 ans de prison, Ghozali démissionne.

Chaises musicales

C'est Belaïd Abdesslam, ancien tout-puissant ministre de l'Industrie sous Boumediène (chef de l'État de 1965 à 1978), qui lui succède et forme un nouveau gouvernement le 19 (le général Nezzar reste à la Défense pour un an, jusqu'au 10 juillet 1993, jour où il est remplacé par le général en retraite Liamine Zeroual). Treize mois plus tard, le 21 août 1993, le jeu des chaises musicales continue : Rédha Malek, lui aussi ancien ministre (de l'Information et de la Culture et des Affaires étrangères) remplace Abdesslam. Pas pour longtemps. Réticent à une politique d'ouverture vis-à-vis du FIS, il démissionne en avril 1994 après huit mois de gouvernement et est remplacé, une fois n'est pas coutume, par un technocrate, Mokdad Sifi, qui forme un gouvernement où priment les jeunes technocrates. Mais, le 31 décembre 1995, il sera remplacé par un diplomate de carrière, Ahmed Ouyahia. L'Algérie traverse depuis trois ans déjà ses années les plus noires et les plus sanglantes.

De 1988 à 1995, le changement accéléré des équipes gouvernementales ne permet pas au pays de sortir de la crise violente qui le secoue.

Fin de l'ère Chadli (1992)

La victoire du FIS, au premier tour des législatives de décembre 1991, divise l'Algérie et le monde entre partisans du jeu démocratique et adversaires résolus de l'islam au pouvoir, comme à Téhéran.

Le président « démissionné »

Le 2 janvier 1992, 300 000 personnes manifestent à l'appel du FFS* pour « sauver la démocratie ». On avance que le président Chadli serait prêt, pour conserver le pouvoir, à composer avec le FIS*, éventualité dont ne veulent ni les démocrates, ni les militaires. Par un artifice légaliste à défaut d'être légal, l'APN* est dissoute et le président pressé de démissionner par l'armée, ce qu'il fait en direct à la télévision le samedi 11 janvier au soir.
Pour éviter une élection présidentielle anticipée, le deuxième tour des législatives, prévu le 16, est annulé, et, pour assurer la direction des affaires jusqu'au terme normal du mandat de Chadli (c'est-à-dire jusqu'au 31 décembre 1993), le Haut Conseil de sécurité (HCS) crée un Haut Conseil d'État (HCE). Il faut placer à sa tête une personnalité incontestable et incontestée : ce sera Mohamed Boudiaf (1919-1992), qui vit depuis vingt-sept ans au Maroc.

FIDA (1994)

Front islamique du djihad armé. Nom d'un des groupes armés qui fleuriront dans la foulée du GIA. On peut également citer : *Al Takfir wal Hijra* (« L'Excommunication et l'exil », 1991), *Abtal al Qods* (les « Héros de Jérusalem », 1991), etc.

Retour d'exil

Âgé de 72 ans, Boudiaf, un des fondateurs du FLN*, a la légitimité historique et le profil de l'homme intègre. Créateur, en 1962, du Parti de la révolution socialiste (PRS), emprisonné sous Ben Bella (président de 1963 à 1965), il s'est exilé au Maroc. Croyant et pratiquant, il s'attelle dès son retour, le 16 janvier 1992, à la lutte contre la corruption dans les milieux dirigeants et contre les islamistes, qu'il juge mauvais musulmans. Son charisme et sa réputation d'honnêteté ramènent vers lui le peuple. Mais le 29 juin, à Annaba, il est assassiné par un des gardes chargés de sa sécurité. Des cercles du pouvoir sont soupçonnés d'avoir commandité l'attentat, qui fait, en outre, 41 blessés. Rédha Malek est désigné comme cinquième membre du HCE, qui se donne pour président, le 2 juillet, Ali Kafi (né en 1928).

Mohamed Boudiaf, en février 1992, à l'aéroport d'Alger.

AIS et GIA

Depuis que le FIS s'est vu priver de ce qu'il estime être sa légitime victoire, la violence s'est muée en terrorisme. Il faut renverser le régime et instaurer l'État islamique. La terreur a frappé au plus haut, elle frappera toutes les couches de la société et plongera le pays dans les années les plus noires de son existence depuis l'indépendance. Dissous au début de l'année 1992, ses militants arrêtés par milliers et détenus dans des camps au Sahara, le FIS n'a pas pour autant disparu. En 1992, des petits groupes armés ont commencé à « monter des coups » contre les forces de l'ordre et à quitter les centres urbains pour les régions rurales et montagneuses. À partir du milieu de l'année, ils s'unissent, et c'est ainsi que naît une Armée islamique du salut (AIS, considérée comme la branche militaire du FIS) « modérée », en face de laquelle se constituera un Groupe islamique armé (GIA), héritier du MIA* de Bouyali. Beaucoup plus dur, il sera bientôt appelé « les » GIA, à cause du nombre de groupuscules qui semblent n'être rattachés à rien ni à personne, si ce n'est à eux-mêmes.

Les diverses organisations politiques et les groupes armés se livreront combat. Trafic d'armes, de drogue, banditisme, vandalisme, racket font que les « fous de Dieu » se réclamant de l'islam* ne sont souvent que des laissés-pour-compte facilement embrigadés qui deviennent, au sens étymologique du terme, des Assassins (*voir* brève ci-contre).

Assassins

De l'arabe *hachchachin*, « fumeurs de hachisch ». Nom d'une secte chiite ismaélienne, organisée en société secrète vers 1090, et dont les membres étaient enivrés au haschich avant le combat.

Rejetés dans l'illégalité, les islamistes vont déclencher, dans les années 1990, des actions terroristes.

Les années noires (1993-1998)

Alors que la situation politique paraît totalement bloquée, la mise en place de nouvelles institutions sera-t-elle porteuse d'espoir ?

San Egidio
Communauté religieuse de Rome qui a abrité, en janvier 1995, des réunions de l'opposition (FIS, FLN, FFS, MDA, etc.) appelant le pouvoir à négocier pour éviter une « guerre civile », appel qui fut rejeté.

Les cibles

Depuis 1992, le climat s'alourdit ; des tentatives officieuses de discussion avec le FIS* restent sans succès ; la conduite des islamistes détache de plus en plus les Algériens du FIS. Ils avaient voté pour lui afin de sanctionner le FLN* et un système « politico-mafieux », et non pour lui substituer un système « terroristo-religieux ». Désormais, outre les forces de l'ordre, sont tués indistinctement femmes, enfants, politiques, fonctionnaires, universitaires, artistes, journalistes, syndicalistes, citoyens, médecins, écrivains, étrangers, religieux musulmans ou chrétiens. Les pertes humaines sont lourdes – en 1999, on estime à 100 000 les morts de cette guerre civile qui ne dit pas son nom –, comme sont lourds les dégâts matériels, des écoles aux hôpitaux, en passant par les bâtiments publics. Au prix d'un coûteux effort sécuritaire, le pouvoir protège la production des hydrocarbures.

Première présidentielle pluraliste

Le général Liamine Zeroual (né en 1941) avait remplacé le général Nezzar à la Défense en juillet 1993. Et arrivait le moment où le HCE*, mis en place pour achever le mandat de Chadli, président démissionnaire en janvier 1992, arrivait à son terme (décembre 1993). Prolongé d'un mois, il réunit une Conférence nationale de consensus les 25 et 26 janvier 1994, qui décida d'une période transitoire. Le HCS (Haut Conseil de sécurité)

11 novembre 1995, Liamine Zeroual à un meeting de campagne pour la présidentielle.

choisit Zeroual pour être chef de l'État, en attendant une élection présidentielle pluraliste. Quatre candidats s'y présenteront le 16 novembre 1995 : Zeroual, Saïd Sadi (RCD*), Nouredine Boukrouh (PRA*) et Mahfoud Nahnah (MSI*). Malgré les GIA*, qui avaient émis des menaces – « *l'urne sera le cercueil de ceux qui voteront* » –, 75,35 % des inscrits votent. Zeroual l'emporte avec 61,01 % des suffrages exprimés, devant Nahnah (25,58 %).

Ninjas
Troupes gouvernementales spéciales « antiterroristes », gantées et cagoulées.

L'État de droit

Le gouvernement cherche un impossible dialogue national et les partis une difficile entente. Zeroual annonce diverses mesures institutionnelles alors qu'affrontements, attentats et assassinats s'enchaînent malgré les déclarations officielles sur l'éradication du terrorisme. Le 28 novembre 1996, une nouvelle Constitution est approuvée par référendum (84,60 % de « oui »). Elle crée pour la première fois, entre autres dispositions, une deuxième chambre dite « Conseil de la nation », l'équivalent du Sénat français, et elle élargit les prérogatives du Haut Conseil islamique, créé en 1989. Après son adoption, Zeroual déclare le 3 décembre : « *L'État de droit est instauré.* » Ce qui n'apporte aucun répit au cours de l'année 1997, et les premiers jours de Ramadan, le mois du jeûne (janvier 1998), seront parmi les plus meurtriers : 1 000 morts. Accusé d'atteintes graves aux droits de l'homme dans sa guerre contre les islamistes, le gouvernement rejette ces allégations et repousse comme des ingérences dans ses affaires intérieures les demandes d'enquêtes européennes et internationales. Quelques missions de parlementaires européens finiront par se rendre en Algérie. Une décrue relative des violences s'amorce quand la démission imprévue de Zeroual, le 11 septembre 1998, ravive les inquiétudes : une nouvelle lutte de clans au sein de l'armée ? Zeroual précise qu'il ne se représentera pas aux élections anticipées. Qui donc pourrait lui succéder ?

Éradicateurs
Partisans de la lutte à outrance contre les islamistes, par opposition aux « dialoguistes », favorables à la négociation.

À la fin des années 1990, une guerre sans merci oppose forces gouvernementales et islamistes, qui veulent instaurer un État islamique par la force.

Les médias

Par habitude du temps de la guerre de libération – tactique de maquisards – et par principe idéologique, le pouvoir algérien s'est toujours méfié des médias.

La langue de bois

Le gouvernement contrôle directement les organes nationaux, dont il est le commanditaire, et indirectement la presse étrangère, qu'il accepte ou refuse de mettre en vente dans le pays. Seules échappent à sa vigilance les radios et, après le développement des antennes paraboliques, les télévisions étrangères. Quotidiens en langue arabe (*El Chaab*, « Le Peuple ») ou en langue française (*El Moudjahid*, « Le Combattant ») utilisent surtout la langue de bois, plaisantent leurs lecteurs.

Paradiaboliques

Ce sont les antennes paraboliques, selon la terminologie islamiste.

Censure et violences

La libéralisation de la fin des années 1980 déclenche la parution de nouveaux quotidiens – *El Watan* (« La Nation »), *Le Matin*, *La Tribune*, *Le Soir*, etc. – et de nouveaux hebdomadaires qui concurrencent *Algérie Actualité* et qui sont tous d'une liberté de ton sans égale au Maghreb*. Le développement de la presse indépendante ne va pas sans heurts avec le pouvoir, qui ne communique aucun bilan officiel des violences, instaure la censure, retire leur accréditation aux correspondants étrangers, saisit ou suspend les publications, harcèle juridiquement journalistes et photographes, qui sont poursuivis pour des motifs divers et empêchés de travailler normalement. À cette défiance s'ajoute la violence des islamistes qui multiplient assassinats et attentats : celui du 11 février 1996 contre la Maison de la presse, au centre d'Alger, fait 18 morts et près de 100 blessés. Là encore, l'appui confraternel d'associations étrangères comme Reporters sans frontières est jugé comme une ingérence par le gouvernement.

Malgré des difficultés de toutes sortes et les attentats islamistes dont sont victimes les journalistes, la presse algérienne insuffle un esprit nouveau et critique à l'information.

« Ni Est, ni Ouest »

La lutte de libération avait valu au peuple algérien l'admiration des pays encore colonisés et une solide connaissance de la scène internationale, scène sur laquelle ses envoyés avaient su plaider sa cause.

La troisième voie

Dès 1962, l'Algérie se définit comme partie intégrante du Maghreb*, du monde arabe et de l'Afrique, et adepte du non-alignement. Elle mène une politique étrangère fondée sur l'indépendance nationale, la coopération, la lutte anti-impérialiste, le soutien aux mouvements de libération, le droit aux nationalisations pour les jeunes États. La volonté du président Boumediène (chef de l'État de 1965 à 1978) et de son ministre des Affaires étrangères Abdelaziz Bouteflika (né en 1937) permettra à l'Algérie de s'imposer comme un partenaire écouté. Au nom du « ni Est, ni Ouest », elle veut définir une troisième voie pour les pays en voie de développement.

UMA

Traité signé par cinq chefs d'État : Chadli Bendjedid (Algérie), Kadhafi (Libye), Hassan II (Maroc), Ould Taya (Mauritanie), Ben Ali (Tunisie).

Forums du monde

Au milieu des années 1970, les forums internationaux retentissent des voix algériennes : en 1972, projet de conférence sur le thème « la Méditerranée aux Méditerranéens » ; septembre 1973, IVe sommet des non-alignés à Alger ; février 1974, IIe sommet de la Conférence islamique à Lahore ; avril 1974, session extraordinaire de l'ONU sur le nouvel ordre international, à New York ; mars 1975, 1er sommet de l'OPEP*…

Si le problème des frontières avec la Tunisie est réglé, il n'en va pas de même avec le Maroc : la crise du Sahara occidental empoisonne les relations maghrébines depuis 1975 et a freiné l'Union du Maghreb arabe (UMA, *voir* brève ci-dessus), proclamée à Marrakech en février 1989.

Une fois président, Bouteflika fait entendre à nouveau la voix de l'Algérie dans le monde et espère lui rendre la place qu'elle avait sous Boumediène.

Dans les années 1980, ses difficultés intérieures affaiblissent la position internationale de l'Algérie.

1999 : Bouteflika, nouveau président

Le pouvoir a échappé à Abdelaziz Bouteflika en 1979, et il a décliné l'offre qui lui était faite en janvier 1994 d'assurer la présidence pour une période transitoire de trois ans.

Les Premiers ministres
Après les gouvernements de Smaïl Hamdani, Ahmed Benbitour et Ali Benflis, un nouveau Premier ministre devait être nommé à l'issue des élections législatives de mai-juin 2002.

Pléthore de candidats

Le gouvernement du nouveau Premier ministre, Smaïl Hamdani, appelé le 15 décembre 1998, s'attelle à préparer l'élection présidentielle. Les partis ayant demandé un délai supplémentaire, la date définitive est fixée au 15 avril 1999. Fin février, 47 candidatures ont été enregistrées, dont, pour la première fois, celle d'une femme, Louisa Hanoune (Parti des travailleurs). L'AIS* a accepté de maintenir la trêve unilatérale décrétée en octobre 1997 et le FIS* s'est engagé à soutenir le candidat « *le plus favorable à la cessation de l'effusion de sang et à la réconciliation nationale* ». Le 28 février, les candidats ne sont plus que 11 (ceux ayant recueilli les 75 000 signatures nécessaires). Le 5 mars, après examen des dossiers par le Conseil constitutionnel, ils ne sont plus que 7. Fin mars, sur fond de violences, de grèves et de graves problèmes sociaux, ils partent en campagne à travers tout le pays : Aït Ahmed (né en 1926) prêche pour la paix et le dialogue, comme Djaballah et Khatib ; Ibrahimi, pour la paix et la stabilité ; Bouteflika, pour une Algérie digne et forte ; Hamrouche, pour le changement ; Sifi, pour l'honnêteté. Si les programmes divergent sur plusieurs points politiques et économiques, tous en appellent à la nécessaire réconciliation nationale. Et le général Lamari affirme que l'armée n'interviendra pas, sauf pour assurer la sécurité du scrutin.

Victimes du terrorisme
Une Fédération internationale des victimes du terrorisme a été créée le 24 février 1999 à Alger entre l'Algérie, la France, l'Espagne et l'Irlande.

Coup de théâtre

Du 10 au 14 avril, les Algériens de l'étranger, les militaires et les forces de l'ordre commencent à voter.

Conférence de presse du président Bouteflika, à la suite de son élection en avril 1999.

Le 13, les candidats, sauf Bouteflika, relèvent des fraudes lors des votes déjà intervenus et demandent une audience à Zeroual, qui refuse. Le lendemain, la « bande des six », comme les ont appelés leurs détracteurs, retirent leurs candidatures (contrairement aux dispositions de la loi électorale). Ils réclament l'annulation du scrutin, qui est maintenu, de même que sont laissés à disposition des électeurs leurs bulletins dans les bureaux de vote.

Une élection controversée

Bouteflika a souhaité une participation massive (sinon, « *il rentrera chez lui* »). Malgré les appels au boycottage lancés par les « six », le taux de participation est de 60,25 % (selon quelques candidats et le MAOL – *voir* brève ci-contre –, il ne serait que de 20 %) et Abdelaziz Bouteflika, qui s'est présenté comme « candidat indépendant », est élu avec 73,79 % des suffrages exprimés. Cette élection controversée est perçue diversement à l'étranger. En France, le ministère des Affaires étrangères dit sa « préoccupation », ce qui déclenchera l'ire du nouveau président, avant que les choses ne rentrent dans l'ordre. Le 27, prêtant serment, il promet d'œuvrer pour la réconciliation nationale, de mettre fin à l'effusion de sang, de donner une « ouverture juridique et politique » à la trêve de l'AIS, d'améliorer les rapports régionaux, notamment avec le Maroc, de relancer les investissements et l'agriculture. Il appelle ses concitoyens à l'effort, au travail et à la dignité et maintient le gouvernement de Smaïl Hamdani.

MAOL

Mouvement algérien des officiers libres, créé en 1998, qui appelle les officiers algériens à la désobéissance et dont l'influence est mal connue.

À la suite d'une élection délicate, Abdelaziz Bouteflika promet de ramener la prospérité et la concorde.

Vers la réconciliation nationale ?

Sitôt élu, le président Bouteflika déploie une activité tous azimuts et retourne en sa faveur une partie de l'opinion qui lui était hostile, surtout chez les jeunes.

Déposez les armes !

Le 29 mai 1999, dans son premier discours, Bouteflika (né le 2 mars 1937 à Tlemcen) presse les islamistes de réintégrer la société ; le 6 juin, l'AIS* dépose les armes et appelle les autres groupes à la suivre ; le 9, le FIS* approuve. Le 12, Bouteflika annonce un référendum sur une loi de réconciliation nationale : amnistie partielle pour les islamistes non coupables de crimes de sang qui se rendront avant le 13 janvier 2000. Une grâce présidentielle, le 5 juillet, libère 2 300 sympathisants islamistes. Le débat fait rage pendant l'été entre ceux, victimes directes ou indirectes des violences, qui refusent tout pardon et les « réconciliateurs ». Mais le 16 septembre, à la question « *Approuvez-vous la démarche générale du président de la République visant à la concorde civile et à la paix ?* », 98,63 % des votants répondent « oui » (85 % des 17,5 millions d'électeurs inscrits). À la mi-décembre, plus de 600 membres du GIA* s'étaient livrés et presque autant de la phalange El Mout (« la mort »).

Bouteflika et Boumediène

Après avoir obtenu son baccalauréat en 1955, Bouteflika milite au sein de l'Union générale des étudiants musulmans algériens (UGEMA). Quand celle-ci décrète la grève des études, en 1956, il rejoint le Commandement opérationnel de l'Ouest de l'ALN, que dirige un autre étudiant un peu plus âgé, Houari Boumediène. Les deux hommes ne se quitteront plus jusqu'à la disparition du second, en 1978.

Lutte contre la corruption

Ce solide appui populaire donne les coudées franches à Bouteflika, qui s'est lancé dans la lutte contre la corruption : 22 walis* sont déchargés de leurs fonctions, fin août, et la mise en place d'une commission de réforme de la justice est annoncée. Le président a du charme, de l'éloquence ; il s'adresse à ses compatriotes aussi bien en arabe littéraire ou dialectal qu'en français, contribuant ainsi à une décrispation sur la question linguistique. Il veut tout mettre en œuvre pour parvenir au redressement national.

Relancer l'économie

À l'extérieur, même démarche, il multiplie voyages et initiatives : en juin, réunion du comité de suivi de l'UMA pour la première fois depuis trois ans (*voir* p. 55) ; en juillet, 35e sommet de l'OUA (Organisation de l'unité africaine, créée en 1963). Fin juillet, les obsèques de Hassan II, roi du Maroc depuis 1961, sont pour lui l'occasion de rencontres avec son successeur, Mohammed VI, avec Jacques Chirac et Bill Clinton ainsi qu'avec le Premier ministre israélien Ehoud Barak, la première du genre. On le voit à l'ONU, aux États-Unis, en Espagne, en Italie, à Monaco, à la fin de 1999. Sa visite à Paris, en juin 2000, resserre les relations distendues.

Il faut absolument relancer l'économie et faire revenir les investisseurs étrangers… et les algériens installés hors de leur pays. À ses concitoyens qui vivent en France, il envoie une lettre dans laquelle il leur demande d'être « *partie prenante de l'œuvre de reconstruction nationale* ».

« Il a la voix douce, la mèche rebelle, et l'œil intensément bleu […]. Il ne faudrait pas cependant trop se fier à l'apparente nonchalance de cet élégant. Si Bouteflika joue, au naturel, les play-boys, il a aussi une tête politique, et une volonté de fer. »
Albert-Paul Lentin, revue *Maghreb*, n° 52, juillet-août 1972.

Une situation contrastée

Le président a-t-il gagné son pari ? La loi sur la concorde civile, le rejet de la violence par le peuple, la mobilisation de l'armée ont réduit les horreurs perpétrées par les islamistes. Mais de graves problèmes subsistent : opposition violente en Kabylie qui perdure malgré la reconnaissance du berbère comme deuxième langue nationale au printemps 2002 ; chômage élevé ; crise du logement accentuée par l'afflux des ruraux qui se réfugient autour des grandes villes ; appauvrissement d'une partie de la population. L'atmosphère a cependant changé ; de nombreux Algériens veulent aller de l'avant et la société civile s'organise au travers d'associations nombreuses et dynamiques.

En 2002, le peuple rencontre de nombreuses difficultés, malgré de réels progrès et les réformes entreprises, entre autres, dans le domaine de l'économie et de l'enseignement.

Glossaire

AIS : Armée islamique du salut.

ALN : Armée de libération nationale.

ANP : Armée nationale populaire.

APC : Assemblée populaire communale.

APN : Assemblée populaire nationale.

Apostasie : abandon volontaire et public d'une religion.

APW : Assemblée populaire de wilaya*.

Autogestion : système économique où les travailleurs sont censés prendre en main la direction et le financement de leur entreprise.

Barbaresque : se rapporte aux peuples ou aux États de l'ancienne partie nord de l'Afrique, appelée un temps « Barbarie ».

Barbouzes : membres des services secrets qui combattaient l'OAS aux côtés des forces régulières.

Calife : titre désignant les successeurs du prophète Mahomet, qui ont été les souverains politiques et religieux de l'empire musulman.

Casbah : désigne la ville haute, partie turque d'Alger.

Chiisme (chiite) : une des branches de l'islam*, surtout répandue en Iran. Ses partisans estiment que le califat n'aurait pas dû revenir à Abou Bakr, à la mort du prophète, mais à Ali, son cousin et gendre (il a épousé la fille de Mahomet, Fatima).

CNRA : Conseil national de la révolution algérienne.

CRUA : Comité révolutionnaire pour l'unité et l'action.

Donatisme : schisme égalitaire mené par Donat, évêque de Carthage, au IVe siècle, qui opposa les cultivateurs berbères pauvres aux riches colons romains.

FFS : Front des forces socialistes.

FIS : Front islamique du salut.

FLN : Front de libération nationale.

Frères musulmans : confrérie musulmane et mouvement politique fondés en 1927 en Égypte par Hassan el-Banna, qui ont essaimé depuis dans l'ensemble du monde arabe. On dit aussi les « FM ».

Front Polisario : Front pour la libération de la Saguia el Hamra et du Rio de Oro, constitué en 1973 pour la création d'un État sahraoui indépendant dans l'ancien Sahara espagnol ou occidental.

GIA : Groupes islamiques armés.

GPRA : Gouvernement provisoire de la République algérienne.

HCE : Haut Conseil d'État.

Imam : chef religieux musulman.

Inquisition : ensemble des tribunaux créés par la papauté au XIIe siècle pour lutter contre les hérésies.

Islam : signifie « soumission à Dieu ». Troisième religion monothéiste, après le judaïsme et le christianisme, révélée à partir du VIIe siècle par le prophète Mahomet. Comme le christianisme, il a donné naissance à plusieurs rites et à plusieurs scissions.

Ismaéliens : tenants d'une des branches du chiisme*.

Kharijites ou kharéjites : littéralement « ceux qui sont sortis ». Minorité qui s'opposa à ce qu'Ali accepte un arbitrage lorsque sa désignation comme calife* fut contestée.

Maghreb : désigne l'extrémité septentrionale de l'Afrique, à savoir principalement la Tunisie, l'Algérie et le Maroc, auxquels on adjoint parfois la Libye et la Mauritanie.

MAJD : Mouvement algérien pour la justice et le développement.

Malékisme : principale des quatre écoles du sunnisme*, qui attache une grande importance à la coutume (*'ourf*) et aux pratiques locales.

Maraboutisme : dévotion manifestée aux marabouts, fondateurs ou chefs de confréries mystiques.

MDA : Mouvement pour la démocratie en Algérie.

Messaliste : partisan de Messali Hadj, fondateur de l'Étoile nord-africaine.

MIA : Mouvement islamique d'Algérie.

MNA : Mouvement national algérien.

Monothéisme : religion qui n'admet qu'un seul Dieu.

Montanisme : hérésie chrétienne du IIe siècle, professée par Montanus.

Morisque : musulman d'Espagne converti au catholicisme, souvent par la contrainte, à partir de la fin du XVe siècle.

Moudjahid (pluriel moudjahidine) : « combattant ». L'ONM ou ONAM désigne l'Organisation nationale des (anciens) moudjahidine, qui ont participé à la guerre d'indépendance.

MSI : Mouvement de la société islamique.

OPEP : Organisation des pays exportateurs de pétrole, créée à Vienne en 1960 afin de rendre les pays producteurs indépendants des compagnies pétrolières.

Ouléma : « savants » ou « enseignants en science religieuse » (est le pluriel de *âlim*, et ne devrait donc pas prendre de « s », bien que ce soit la tendance en français).

Pélagianisme : hérésie chrétienne professée au IVe siècle par le moine Pélage.

PRA : Parti du renouveau algérien.

PRS : Parti de la révolution socialiste.

RCD : Rassemblement pour la culture et la démocratie.

Reg : (mot arabe), désert de pierrailles particulièrement hostile.

Sonatrach : Société nationale pour la recherche, la production, le transport, la transformation et la commercialisation des hydrocarbures.

Soufi : mystique musulman (la doctrine s'appelle le soufisme).

Sunnite : adepte de l'islam* orthodoxe (le sunnisme, de *sunna*, la « tradition du prophète »), suivi par 90 % des musulmans.

Talibans : étudiants en théologie.

Trabendiste : (de l'espagnol *trabendo*), petit trafiquant.

UGTA : Union générale des travailleurs algériens.

UNFA : Union nationale des femmes algériennes.

UNJA : Union nationale de la jeunesse algérienne.

UNPA : Union nationale des paysans algériens.

Wali/wilaya : l'équivalent de préfet et de département. L'Algérie compte 48 wilayas (on écrit aussi wilayate au pluriel).

Bibliographie

AGERON (Charles-Robert), *Histoire de l'Algérie contemporaine, 1871-1954*, tome II, PUF, 1979.
Constitue avec l'ouvrage de Charles-André Julien la somme historique de la colonisation.

BENRABAH (Mohammed), *Langue et pouvoir en Algérie : histoire d'un traumatisme linguistique*, coll. « Les Colonnes d'Hercule », Séguier, 1999.
L'ouvrage le plus récent et l'un des plus complets sur le problème linguistique.

CAMPS (Gabriel), *Les Berbères : mémoires et identité*, coll. « Des Hespérides », Errance, 1995.
Par un des meilleurs spécialistes français.

CHAKER (Salem), *Langues et littératures berbères*, L'Harmattan-Publications de l'Institut national des langues orientales, 1996.
Vaste panorama de l'actualité berbère, avec 265 références d'ouvrages et d'articles.

DÉVOLUY (Pierre), DUTEIL (Mireille), *La Poudrière algérienne : histoire secrète d'une république sous influence*, Calmann-Lévy, 1994.
Les péripéties des luttes secrètes et féroces pour le pouvoir au début des années 1990.

GRIMAUD (Nicole), *La Politique extérieure de l'Algérie, 1962-1978*, coll. « Hommes et sociétés », Karthala, 1984.
Tout sur la grande époque de la politique étrangère de l'Algérie.

HARBI (Mohammed), *Les Archives de la révolution algérienne*, Jaguar, 1981.
La source irremplaçable de nombreux documents algériens sur la période 1948-1962.

JULIEN (Charles-André), *Histoire de l'Algérie contemporaine : conquête et civilisation*, tome I, PUF, 1979.

LACHERAF (Mustapha), *Des noms et des lieux. Mémoires d'une Algérie oubliée*, Casbah, Alger, 1998.
Par l'un des plus brillants intellectuels, hommes politiques et diplomates algériens, auteur également de *L'Algérie : nation et société*, paru chez Maspero en 1976.

STORA (Benjamin), *Dictionnaire biographique des militants nationalistes algériens, ENA, PPA, MTLD, 1926-1954*, L'Harmattan, 1985.
Ouvrage de base sur la trajectoire de ceux qui ont construit le nationalisme algérien.

Sur l'islam en général et l'islamisme

BALTA (Paul), *L'Islam*, coll. « Idées reçues », Le Cavalier bleu, 2001.
Un éclairage distancié et approfondi sur ce que l'on sait ou croit savoir.

ÉTIENNE (Bruno), *L'Islamisme radical*, Hachette Littératures, 1987.
Essai de synthèse théologique, historique et sociologique sur ce phénomène doctrinal.

GARDET (Louis), *L'Islam, religion et communauté*, préface de Malek Chebel. Desclée de Brouwer, 2002.
Pour comprendre la profondeur et la spécificité de l'Islam, au-delà des soubresauts de l'actualité.

ROUADJIA (Ahmed), *Les Frères et la mosquée : enquête sur le mouvement islamiste en Algérie*, coll. « Les Afriques », Karthala, 1990.
Une des premières enquêtes sur la constitution des réseaux islamistes.

Annuaire de l'Afrique du Nord (CNRS) et les revues trimestrielles *Maghreb/Machrek* (La Documentation française) et *Confluences Méditerranée* (L'Harmattan) traitent régulièrement des questions algériennes : « La parole aux Algériens. Violence et politique en Algérie », n° 25 ; « Femmes et islamisme », n° 27, *Confluences Méditerranée*, 1998.

Deux sources d'information utiles

Centre culturel algérien (bibliothèque de consultation, cinémathèque, cours de langues arabe et berbère)
171, rue de la Croix-Nivert, 75015 Paris.
Tél. : 01 45 54 95 31

Minitel : 3615 Electre
Banque du Cercle de la librairie, où l'on peut rechercher tous les ouvrages disponibles par titre, auteur ou sujet.

Index

Le numéro de renvoi correspond à la double page.

Dans la collection *Les Essentiels Milan*
derniers titres parus

190 La médecine de demain, le gène apprivoisé
191 À quoi sert l'architecture ?
192 Le monde juif
193 Questions sur le cancer
194 L'alimentation de demain
195 La Bourse sur Internet
196 Prévenir les catastrophes naturelles ?
197 Petite philosophie du bonheur
198 Les violences sexuelles
199 Les fonctionnaires
200 Entreprendre une psychanalyse ?
201 Le sommeil, bien dormir enfin
202 La laïcité
204 Les pharaons d'Égypte...
205 Marx face à l'Histoire
206 Questions sur les Palestiniens
207 L'homosexualité, entre préjugés et réalités
208 La République
209 Les troubles du comportement alimentaire
211 Le Coran
212 L'Afghanistan, otage de l'Histoire
213 La guerre d'Espagne
216 L'anarchie, une histoire de révoltes
217 Victor Hugo, un écrivain dans son siècle
218 La géopolitique et ses enjeux
219 Céline, les paradoxes du talent
220 Prévenir les accidents technologiques ?
221 Les trafics du sexe - Femmes et enfants marchandises
223 Les associations et Internet
224 L'aide au développement à l'heure de la mondialisation

Dans la collection *Les Essentiels Milan Junior*

12 Découvrir la géographie de la France
13 Les signaux du corps...
14 La politique, à quoi ça sert ?
15 Les religions d'hier et d'aujourd'hui
16 Tous citoyens de l'Europe
17 Dire non à la violence
18 Gladiateurs et jeux du cirque
19 L'archéologie - Sous la terre, l'Histoire
20 Guide du délégué de classe
21 Comprendre nos petites maladies
22 Sur les traces des Gaulois
23 L'espace, une aventure sans limites
24 On divorce - La vie continue
25 Les hommes préhistoriques
26 La mythologie et ses super-héros
27 L'amour, la sexualité et toi
29 Ce qui te fait peur
31 La vie des monstres
32 Garçons et filles tous égaux
33 Pourquoi la guerre ?

Responsable éditorial
Bernard Garaude
Directeur de collection
Dominique Auzel
Assistante d'édition
Anne Vila
Correction – révision
Élisée Georgev
Iconographie
Sandrine Batlle
Conception graphique
Bruno Douin
Maquette-Infographies
Isocèle
Fabrication
Isabelle Gaudon
Magali Martin

Crédit photos
Sygma : P. Robert-Sygma, pp. 3, 52
L'Illustration-Sygma, p. 20
J. Pavlovski-Sygma p. 28
P. Durand-Sygma p. 39
Pascal Parrot-Pascal Le Segretain-Sygma p. 46
Pascal Parrot-Sygma, pp. 51, 57
Gyori/Parrot-Sygma p. 54
Giraudon : p. 8 / Claudine Rulleau-Balta : p. 13 / Selva : p. 18
Rue des Archives : p. 26

300, rue Léon-Joulin,
31101 Toulouse Cedex 9 France

Loi 49.956 du 16.07.1949
ISBN : 2-7459-0783-2
D.L. mars 2003
Aubin Imprimeur, 86240 Ligugé
Impr. P 64903
Imprimé en France